성장하는 엄마
행복한 아이

성장하는 엄마
행복한 아이

발 행 일	2023년 9월 25일
지 은 이	최성모 구순림 권숙미 박정숙 양미은 윤정아 최은경
편 집	권 율
디 자 인	김현순
발 행 인	권경민
발 행 처	한국지식문화원
출판등록	제 2021-000105호 (2021년 05월 25일)
주 소	서울시 서초구 서운로13 중앙로얄빌딩 B126
대표전화	0507-1467-7884
홈페이지	www.kcbooks.org
이 메 일	admin@kcbooks.org
ISBN	979-11-92475-80-6

최성모 · 구순림 · 권숙미 · 박정숙 · 양미은 · 윤정아 · 최은경

유아교육 전문가들이 말하는

성장하는 엄마
행복한 아이

 한국지식문화원

프롤로그

연세대 경제학 박사 김정호 교수는 대학생들을 잘 지도하고자 많은 노력을 하였다. 하지만 성인이 된 학생들이 달라지기란 쉽지 않음을 깨달았다. 어디에서부터 시작해야 할지 많은 공부 끝에 유아교육이 시발점이라고 깨닫게 되어 유치원에 관심을 가지면서 원장님들과 교사들을 격려해 주셨다. "희망찬 미래를 위해서는 대학보다 유치원이 더 중요하다. 교수보다 유치원 교사가 더 훌륭하다."라며 칭찬을 아끼지 않으셨다.

나 또한 40년 원을 운영하며, 박사까지 공부하면서 내린 정의는 '유아교육은 위대하다.'이다. 200여 년 전 독일의 칼 비테는 많은 학자가 천재는 유전이라고 말할 때 "천재는 태어나는 것이 아니라 교육으로 만들어진다."라고 주장하면서, 미숙아로 태어난 자녀를 19세기 독일의 유명한 천재 Jr. 칼 비테로 키웠다.

유아교육을 해보니 정말 아이는 타고난 것이 아니라 길러지는 것을 알게 되었다. '진호야 사랑해'를 쓴 진호 엄마, 자폐증 아들을 일반대학을 졸업 시키고 정상적인 생활을 하게 해준 이숙형 원장님을 보면서 유아교육이야말로 큰 사람으로 길러낼 수 있는 위대한 힘이 있음을 확신한다.

예수는 지혜와 키가 자라며 하나님과 사람에게 더욱 사랑스러워 가시더라(누가복음 2:52).

지혜(똑똑함)와 키(건강)와 하나님과 사람에게 사랑스러움(인성)을 갖춘 예수님은 영재(英才)이셨다. 예수님을 닮은 행복한 영재를 꿈꾸며 오랫동안 유아교육을 천직으로 알고 운영해온 경험을 바탕으로 이 책을 출간한다.

하나님을 섬기는 7명의 유아교육 전문가가 아이들이 잘 성장하고 엄마가 행복하기를 바라는 마음으로 기도하며 한줄 한줄 써나갔다. 언제나 옆에서 아이를 키우는 데 도움이 되는 동반자로 남기를 바라며 오늘의 이 자리가 있기까지 지켜 주시고 함께 해주신 하나님께 감사드리며 행복한 엄마 행복한 아이가 되기를 기도드립니다.

대표작가 최성모 올림

TABLE OF CONTENTS

최 성 모

미주유치원
숲속실로암영재어린이집 이사장
csm225@hanmail.net

인천대학교 교육대학원 교육학 석사
성산효대학원 대학교 효학 박사

유아교육 경력 40년
다니엘주안 초등전문학원 대표
기독교실업인 cbmc 인천연합회장
한사랑나눔봉사 단장, 행복나눔연구소장

「내 아이 행복한 영재로 키우기」 책 저자
「엄마 유치원(어린이집) 다닐래요」 그림책 저자

함께 성장하고
함께 행복하고
함께 성공하자.

위대한 유아교육
지금이
골든타임이다

성장, 엄마는 성장 부재중

나는 날마다 성장하고 있는가?

아이를 키우다 성장이 멈추면 엄마는 깜짝 놀라서 병원에 갈 것이다. 성장이 멈춘다는 것은 큰 병이 아닐 수 없다. 그런데 어른이 된 우리는 성장이 멈추어도 무감각하다. 성장이 멈출 뿐만 아니라 나쁜 쪽으로 성장하고 있지는 않은지 살펴봐야 한다.

연륜이 쌓였는데 대접해 주지 않는다고 자존심 상해하고 기억력은 감퇴되고 몸도 무거워지고 의욕도 사라지고 있다면 지금쯤 나를 돌아보며 재점검해야 한다. 100세 시대에 이러면 안 될 일이다. 이렇게 하루하루 살면 나의 미래도, 내 아이 미래도, 꿈을 이룰 수도, 행복한 미래를 보장할 수도 없다.

내 아이 성장에 관심 두듯이 내 성장에 우선순위를 두자, 엄마의 몸과 마음이 건강하게 성장해야 우리 집이 행복하고 우리나라가 잘 살 수 있다.

　내가 태어났을 때 우리 부모님은 얼마나 기뻐했을까? 내가 우리 아이 태어났을 때처럼 기뻤을 것이다. 이렇게 축복 속에 태어난 내가 결혼하여 아이를 낳고 육아에 힘들다고 나를 잃어버리면 안 된다.

　40년 유아교육을 하면서 어린이집, 유치원에 아이들이 입학하면 아이들을 잘 성장시켜 초등학교에 보내는 것이 당연한 나의 책임과 의무여서 열심히 했지만, 이것이 전부가 아니라는 것을 깨달았다. 모든 아이에게 똑같이 잘해주어도 엄마가 어떻게 하느냐에 따라서 많은 차이가 난다는 것을 알게 되었다.

　나는 그 후 틈만 나면 부모교육, 독서모임, 저자 특강, 함께 견학 가기, 부모 참여수업 등을 통해 엄마들이 성장할 수 있도록 동기부여를 하였다. 그때마다 깨닫고 다시 도전하며 실천하면서 달라지는 엄마들을 많이 보았다. 우연히 길에서 졸업한 아이의 부모님을 마주치면 그 아이의 안부를 묻게 된다. "유치원 다닐 때 이사장님이 말씀해 준 것을 적용하였더니 학교 가서도 잘하고 있어요. 스스로 잘해서 아이 키우는 거 힘들지 않아요."

　학부모 독서모임에서 회장을 했던 엄마는 "엄마들도 독서모임 1년만 꾸준히 하면 책을 쓸 수 있다."는 말을 실천하여 책을 내고 강의를 하고 있으며 지역에서 봉사활동을 하고 있다. 얼마 전에는 나라에서 하는 프로젝트에 공모했는데 뽑혀서 1억을 받았다며 사무실을 알아보러 다니는 것을 보니 내 일처럼 기쁘고 보람을 느꼈다.

지금이 적기이다. 24시간 잘 쪼개서 나를 성장시키는 시간을 만들자. 작은 것부터 시작하자. 제일 먼저 할 일은 종이와 볼펜을 가지고 조용한 나만의 시간을 내어 나의 꿈을 적어 보자. 성공은 꿈을 꾸면서 시작된다. 내 아이가 꿈이 있는 아이로 자라기를 바란다면 나부터 꿈을 가져야 한다. 기왕이면 꿈을 크게 갖자. 수영장이 딸린 이층집 살기, 벤츠 자가용 사기, 세계여행, 1년에 책 50권 읽기, 1시간 운동하기, 박사 되기, 베스트셀러 작가 되기같은 큰 꿈을 갖자.

꿈이 너무 거창한가? 꿈을 크게 꾼다고 벌금을 내거나 돈이 들지 않는다. 하나님은 우리를 천하보다 더 크게, 왕 같은 제사장으로 만드셨다. 우리는 하나님의 최고의 걸작품인 것을 잊지 말자.

이렇게 살고 싶으면 나만의 시간을 가져야 한다. 세상은 불공평한 것 같지만 너무나 중요한 것은 공평하게 주셨다. 돈보다 더 소중한 시간을 모두에게 하루 24시간을 주셨다. 시간표를 짜자. 1일 계획, 1주일 계획, 월간 계획, 연간 계획, 혼자 하기 힘들면 함께하는 프로그램도 있다. 나도 혼자 하기 힘들어 자기경영 연구소에서 시간 관리 마스터를 하였다. 혼자 하기 힘들면 도움을 청하자.

일단은 하루 30분에서 1시간 시간을 내어 독서하고 운동을 시작하자. 보통 사람은 1시간에 60페이지 책을 읽을 수 있다. 보통 책이 230페이지이니 1시간만 시간을 투자해서 독서한다면, 일주일에 책 1권을 거뜬히 읽을 것이다. 이런 시간을 1년 동안 보내게 되면 50권의 책을 읽게 되어 세상이 다르게 보일 것이다. 하루의 1시간을 투자하기 어려우면 시간을 나누어서 책을 읽으면 된다. 책을 늘

소지하면서 친구 기다릴 때, 아이가 오기 기다릴 때 10분씩이라도 독서를 하자.

몸과 마음이 성장하면 꿈을 이룰 수 있다. 지금! 즉시! 될 때까지 하자!

내가 알아야 할 모든 것은
유치원에서 배웠다

-로버트 폴검-

인생을 살면서 행복하지도 성공하지도 못했다면 그 원인은 무엇일까? 좋은 학교 나오고 머리 좋고 돈이 많다고 모두 행복하지도 성공하지 않는다. 좋은 생각, 좋은 행동, 좋은 말들이 습관이 될 때 즉 좋은 습관을 가질 때 행복도 성공도 끝까지 갈 수 있다.

중요한 것은 그 습관이 어렸을 때 되어있지 않아 어른이 되었을 때 고치기란 쉽지 않다. 성공한 사람들을 보면 새벽형 인간이 많다. 나 또한 아직도 조금만 긴장을 늦추면 늦게 자고 늦게 일어나 하루를 망칠 때가 많지만 작심삼일이 되어도 포기하지 않고 월요일은 또 다짐하며 다시 시작한다.

우리나라 속담 중에 세 살 버릇 여든 간다는 말이 있다. 어렸을 때 좋은 습관을 들여놓으면 금상첨화인데 그 시기를 놓치고 좋은 습관을 다시 만들려면 많은 노력을 해야 한다. 아예 고칠 생각을 안 하고 왜 나는 되는 일이 없을까? 하며 힘들어하는 경우가 많다. 내 아이들에게만이라도 좋은 습관을 물려주자.

뇌의 80%가 발달된다는 유아기는 매우 중요하다. 유아기는 학교를 잘 다닐 수 있는 준비도 해야 하지만 '나'라는 한 사람으로 만들어지는 시기이다. 생각이 행동이 되고 행동이 습관이 되고 습관이 성격이 되고 성격이 곧 나의 성품이 되어 비로소 '나'가 탄생하는 것이다.

이런 중요한 시기에 우리는 아기라고 내 감정대로 예뻐하고 키우면서 크면 어련히 알아서 잘하겠지 하며 시기를 놓쳐 버린다. 북한이 전쟁을 일으키고 싶어도 중2가 무서워 못 내려온다는 우스갯소리도 있다. 내 아이여도 초등 4학년만 되면 자기만의 자아가 생겨 의견 일치가 쉽지 않다.

딸이 태어날 때도 나는 원장이었다. 원장 일을 한다고 아이는 영양실조까지 가고 경기를 했다. 울면 경기를 하니 울릴 수가 없어서 울면 들어주니 고집이 세지고 우는 걸로 만사를 해결하려고 하였다. 한 살 한 살 나이를 먹으며 더 심해져서 5살 때 결심했다. 무조건 고집을 피우는 것을 지금 고치지 않으면 영영 못 고칠 것 같아 이제는 울어도 안 되는 것은 안 된다는 것을 가르치기로 했다.

1시간 동안 울면서 고집을 피우는데 경기할까 봐 조마조마했는데 다행히 하지 않고 "잘못했어요."라는 말을 받아냈다. 시장에 갈 때면 미리 약속했다. "담미야, 오늘 시장에 가는데 울고 떼쓰지 않으면 네가 좋아하는 만두도 사주고, 아이스크림도 사주고, 예쁜 인형도 사줄 거야. 그런데 약속 지키지 않고 울면 아무것도 사주지 않고 그냥 올 거야." 그렇게 약속했는데도 아이는 시장에 가자 울기 시작하였다. 그럴 때 "오늘 울지 않으면 만두도 사주고, 아이스크림 사주고, 인형 사준다고 했는데 오늘은 울어서 아무것도 사주지 않을 거야. 여기서 더 울 거야? 함께 갈 거야? 그래도 계속 울면 울 때까지 기다려 줄게 하면서 우는 날은 정말 사주지 않는 것을 몇 번 거듭하니 그 후로는 시장 갈 때 딸이 먼저 제안했다. "엄마, 나 오늘 울지 않으면 만두도 사주고, 아이스크림도 사주고, 인형도 사 줄 거야?" "그럼, 당연하지." 시장에 가면서도 계속 이야기를 하였다. 아이가 원하는 것을 사주면서 "우리 딸 오늘 울지 않아서 이거 사주는 거야." 잘못 길들여지면 이렇게 몇 배의 수고가 들어가야 한다. 울어서 해주면 울보가 되고 고집 피워서 해주면 고집쟁이가 된다. 지금 아이들은 똑똑해서 네 살부터 가르쳐야 한다. 유아기 때 좋은 습관을 물려주는 것이 내 아이 행복하게 살면서 성공하는 길임을 잊지 말자.

 그럼, 나의 잘못된 습관은 어떻게 해야 할까? 제일 중요한 것은 내가 잘못한지 모를 때 문제가 크다. 나도 인생을 돌아보니 내가 다 잘했다고 하면서 젊은 날 부부 싸움을 하고 나면 이런 충고를 들었다. "네가 더 참아라. 여자가 지혜롭지 못했다." 이 말을 들을 때면 '얼마나 더 참으라고? 내가 얼마나 잘하는데? 왜 이런 말을 하는 거지?' 나는 그 말을 이해할 수 없었고, 이해되지도 않았다. 세월이 지나고 보니 내가 똑똑할 수는 있었으나 지혜롭지 못함을 깨달았다.

모든 문제는 남을 내 생각대로 바꾸려고 하면 해결이 안 된다. 아이를 상담할 때도 "어떻게 해야 우리 아이가 달라질까요?"가 아닌 "제가 어떻게 해야 우리 아이, 내 신랑, 시어머니, 직장 상사가 달라질까요?"라고 생각을 달리해야 한다. 내가 달라질 때 상대방이 달라진다. 남 고칠 생각 말고 내가 달라지면 된다. "내가 어떻게 해야 이 문제가 해결될까?" 나를 성찰해 날마다 성장하면 어느 날 거인이 된 나를 만나며 행복하게 살 수 있다.

잘못된 습관을 알았을 때는 계획을 세워 노력하자. 작심삼일이 되어도 괜찮다. 일주일에 세 번 실천하면 한 달에 12일 그래도 성공한 것이다. 1년이면 144일을 잘 산 것이다.

문제가 되는 잘못된 습관이 있다면 지금 즉시 시작하여 고치도록 노력하자. 그 잘못이 내 성공에 발목이 잡히지 않기를 기도하면서 말이다.

정원과 도서관이 있다면
필요한 모든 것을 갖고 있는 것이다.

−키케로−

결혼을 하여 내 아이를 키우다 보면 내 꿈이나, 내 생각할 겨를이 없다. 어느 노부부가 엄마는 아이 키우다 인생 다 보내고 남편은 밖에 나가 돈 벌다가 인생 다 보내고 육십이 넘어서 보니 고마

위하는 자식도 없고 부부는 낯설기만 하다고 하였다.

그렇다고 내 꿈을 이루기 위해 내 아이 소홀히 하라는 것인가? 아니다. 아이를 키우는 데 있는 힘을 다하여도 잘 자라지 않는다. 단풍나무 바로 아래에 떨어져 커가는 단풍나무를 본 적이 있는가? 10㎝ 정도밖에 못 자란다. 하나님은 씨앗에게 날개를 주어 멀리멀리 날아가 자리를 잡아야 잘 큰다고 알려 줬는데도 엄마 바로 밑에서 살겠다고 뿌리를 내린 단풍나무는 10㎝ 정도밖에 못 자란다. 엄마가 옆에 두고 다 챙겨 주면 엄마도 아무 일 못하고 아이도 자립심이 생기지 않는다. 꽃씨를 심어 보았는가? 씨앗을 심고 우리는 무엇을 해야 할까? 햇볕이 잘 드는 땅에 심어서 물을 주고 싹이 올라오면 벌레가 먹지 않게 하는 것뿐이다. 옆에 씨랑 비교하며 왜 늦게 나는지 파보고 씨앗을 쪼개 보면서 씨앗을 몸살을 앓게 하지는 않는지? 땅속에서 어둠을 뚫고 나오는 것은 씨앗의 몫이지 엄마가 해주는 것이 아니다.

아이가 태어났을 때 모유 먹는 법을 가르쳐 주지 않아도 잘 먹었던 것을 기억하자. 엄마가 일일이 해주지 말고 연령에 맞게 스스로 자라게 해줘야 한다. 걸음마를 어떻게 가르쳤는가? 때가 되었을 때 스스로 일어서면서 넘어져도 한발 한발 스스로 걷게 해주었다. 그때 엄마는 무엇을 했는가? 앞에서 눈을 보며 손뼉 치며 "걸음마, 걸음마!" 외치며 한 발 한 발 뗄 때마다 응원해 주었다. 한국말을 가르칠 때는 어떠했는가? "엄마, 엄마"를 눈을 보며 웃으며 수만 번 하면서 기다려 줬더니 어느 날 "엄마!"를 불러 주었다.

정원과 도서관이 있다면 필요한 모든 것을 갖고 있는 것이라고 로마 철학자 키케로가 말했다. 40년 유아교육을 하면서 아이들 교육에 좋다는 것을 다 해봤다. 40년 후 깨달은 것은 독서와 자연 속에서 자라게 하는 것이다. 조금만 생각하고 배우면 큰 자본이 들지 않고 잘 키울 수 있다.

대한민국이 광복 70년 만에 세계 강국이 되어 잘 먹고 잘사는 것은 해결되었을지 모르나 엄마가 관심 갖지 않으면 아이들의 뇌(전두엽)가 망가지는 심각한 시대에 살고 있음을 알아야 한다.

나는 나쁜 계모보다 더 나쁜 친엄마랑 살았지만 바르게 잘 자랐다. 그 시절의 부모들은 여러 가지 상황으로 교육에 관심이 없고 방종하였다고 하여도 인성이 잘 자랄 수 있는 환경이었다. 한집에 형제가 보통 7명 정도 있어서 집이 유치원이었다. 밖에 나가면 친구들과 들로 산으로 다니며 놀았고 밤에는 별을 보고 달을 보며 놀았다. 잘못하면 옆집 아저씨도 야단치면서 가르쳐 주셨고 잘하면 칭찬도 아끼지 않았다.

부모님은 선생님 그림자도 밟으면 안 된다고 하며 선생님의 권위를 세워 주셨고 학교에서 야단맞았다고 하면 선생님 속 썩였다고 집에 와서는 더 야단을 맞았다. 한 아이를 잘 키우려면 온 마을이 필요하다는 아프리카 속담처럼 온 마을 사람들이 내 자식처럼 예뻐해 주고 함께해 주었다. 저녁에는 TV가 없던 시절이라 사랑방에 동네 아이들이 모여서 할머니 할아버지 이야기를 듣고 자랐다.

그런데 지금은 아이 혼자서는 놀이터에 나갈 수도 없고 이웃집에 누가 사는지도 잘 모르고 틈나면 TV, 인터넷에 노출되어 스크린에 과몰입이 되어 초등학생만 되어도 스마트폰 중독이 되어 눈을 떼지 못하는 경우가 많다. 스크린 중독이 되면 생각을 깊이 하려 하지 않고 단순해지고 끈기가 없고 책을 멀리하게 되어 공부를 잘하기도, 전문가 길을 가기도 쉽지 않다.

이런 세상에서 엄마가 관심을 갖고 내 아이를 키워야 하는데 24시간 엄마 혼자 하다가는 엄마가 지친다. 그러면 어떻게 해야 할까? 내 아이가 깨어 있는 시간 동안 제일 오랜 시간 눈을 맞추고 있는 사람이 누구일까? 엄마가 아닌 어린이집. 유치원 선생님이다. 입학하기 전에 충분히 알아보고 결정했으면 선생님과 손잡고 내 아이를 잘 키워야 한다. 집에서는 내가 엄마, 원에서는 선생님이 엄마 역할을 하도록 믿고 도와주며 의논하며 함께 키워야 한다.

원에 와있는 동안에는 원에 맡기고 엄마 삶을 준비하자. 직장을 다니든지 쉼을 갖든지 적성을 찾든지, 취미 활동을 하던지 엄마만의 시간을 가져서 엄마의 꿈을 이루자.

『섬기는 부모가 자녀를 큰 사람으로 키운다』의 저자 전혜성 박사를 보아도 본인도 아이 키우며 공부하여 박사가 되고 6명의 자녀를 모두 박사로 키웠다. 나도 67세에 박사학위를 받았다. 여기까지 읽으신 여러분도 꿈을 이룰 수 있다.

이제 엄마가 행복하고 힘들지 않으면서 아이 잘 키우는 법을 나누고자 한다.

첫째, 아침에 밥 한 숟가락 더 먹이려고 울리고 기분 나쁘게 등원시키지 말고 기분 좋게 보내라. 우리 원의 경우 아침에 간단하게 죽이나 과일을 준다. 울리고 한 숟갈 먹이는 것보다 엄마랑 기분 좋게 있다가 원에 오는 것이 훨씬 효과적이다. 원 생활이 끝나고

집에 오면 아이들은 배가 고프다. 우리 몸에 제일 좋은 과일을 준비해서 주자. 엄마가 힘들어서 짜증 내고 맛있는 거 주기보다는 아이에게는 웃으며 반갑게 맞아주는 엄마가 더 좋은 엄마이다. 힘들게 살지 말고 할 수 있는 만큼 하자. 아이는 간식 먹고 씻고 쉬면서 자유롭게 놀다가 저녁을 먹는다. 설거지는 담가 놓고 이제부터 아이랑 놀아줄 시간, 엄마가 필요한 시간이다. 아이랑 함께 가방 정리, 내일 준비물, 입고 갈 옷, 미리미리 바구니에 넣고 오늘 감사한 것 3가지 나누고 기도하고 그림책을 들려주며 재운다.

둘째, 책을 좋아하는 아이로 키우자. 날마다 먹지 않으면 죽는 산소는 거저 주셨다. 물도 비싸서 먹지 못하는 사람이 없다. 교육도 마찬가지다. 책을 좋아하게 하는 것은 큰 비용이 들지 않는다. 방법을 배워서 아이들과 나누면 마음이 회복되고 소통이 되고 공부도 잘하고 전문가의 길로 인도해 준다. 40년 동안 정원과 도서관만 연구하신 최영애 박사로부터 그림책 들려주기를 배워서 '그림책을 들려주는 엄마 모임'을 했는데 엄마들이 눈물을 흘리며 회복되는 것을 경험하였다. 담임은 그림책 하브루타를 하고 원장과 나는 주 1회 그림책 들려주기를 한다. 그림책 들려주고 사인을 받을 때면 손을 잡아 주는 아이, '사랑해요' 적어주는 아이, 꼭 안아주며 얼마나 좋아하는지, 힘든 줄도 모르고 그 시간이 기다려진다. 세계적으로 성공한 사람들은 의외로 독서광이 많다. 컴퓨터의 대부 빌 게이츠도 독서광이다.

효과 있는 그림책 들려주기는 우리 원에 오면 그림책 부모 모임을 통해 자세히 알려 줄 수 있다. 책 읽는 습관을 지금부터 하지 않으면 인터넷에 노출되어 책을 좋아하지 않는다. 그러면 학교에 다닐 때 공부를 잘할 수 없고 전문가로 살기가 쉽지 않다.

셋째, 자연과 함께하게 해주자. 40년 교육하면서 여러 가지 교구나 교육을 해봤지만, 자연만큼 좋은 교구와 교육이 없다. 우리 원에는 꽃이 피고 지고 과일이 열리고 작은 텃밭이 있어서 봄에는 나비가 날아오고 물고기, 동물들이 있어서 아이들이 아주 좋아한다. 집 안에서만 아이를 키우는 것은 네모난 상자 안에 들어 있는 것 같아 안타깝다. 주말에는 들로 산으로 나가자. 우리나라만큼 가까운 곳에 산이 있는 나라도 많지 않다. 형편이 안 될 때는 가까운 공원이나 놀이터라도 나가서 흙을 밟고 모래도 만지고 개미가 기어가는 것도 보게 해주자.

넷째, 주일에는 교회를 보내자. 우리 원에는 예전에 비해 다문화 가정이 부쩍 늘고 있다. 내 아이도 어른이 되면 어느 나라에서 살지 모른다. 요즘은 친구를 만나는 공간이 거의 없다. 주일에는 교회에서 많은 친구를 만나게 해주자 내 아이가 10명과 잘 지낼 수 있는지 100명과 잘 지낼 수 있는지 1,000명과 잘 지낼 수 있는지에 따라서 삶의 폭이 달라진다. 유럽이나 미국 등은 기독교 문화가 자리 잡고 있다. 우리나라뿐만 아니라 외국에 있는 대학들도 미션스쿨이 많다. 교회에 가서 최고의 인문학 성경도 배우고 영성의 세계도 배우며 또래 친구들을 만나고 봉사활동을 하며 폭넓게 자라게 해주자.

행복, 행복한 엄마 행복한 아이

사람이 선물이다

사람들은 하루에 오만가지 걱정을 하고 산다는데 무엇을 걱정하는 것일까? 크게 정리하면 건강, 돈, 사람 때문에 걱정한다.

첫째, 건강에 관해서는 아무리 신경 써도 죽고 사는 것은 하늘에 달렸으니 살아가는 동안 하루하루를 선물로 받아들이며 행복하게 살자. 지나간 과거를 생각하며 속상해하지 말고 알 수 없는 미래 걱정도 내려놓으면 걱정이 없어질 것이다. 우리가 할 수 있는 것은 오늘 잘 사는 것이다. 오늘 하루 주신 선물을 어떻게 잘 살까? 생각하며 오늘 하루 충실하게 살자. 사는 동안 건강하려면 운동을 하고, 혀가 좋아하는 음식보다는 건강이 좋은 음식을 먹으려고 노력하고, 스트레스받지 않도록 매사에 문제들을 긍정적으로 받아들이면 도움이 된다.

둘째 돈 걱정이다. 돈이 어느 정도 없는가? 입을 옷이 없고 먹을 거리가 없어서 삼 일째 굶고 잠을 잘 집이 없고 아픈데 돈이 없어 병원을 못 간다면 심각한 문제이다. 이 정도가 아니고 의식주가 해결된다면 그 이상은 보너스이고 감사할 환경이다. 선진국 미국은 의료비가 비싸서 웬만큼 아파도 병원에 가지 않는다. 아직도 지구촌에는 의식주가 해결되지 않는 곳이 너무나 많다. 나는 한국에 태어난 것이 얼마나 감사한지 모른다.

건강하면 죽는 날까지 일할 수 있으니 노후 준비도 무리하게 할 필요 없다. 자녀들 잘 키워서 스스로 자립하게 하면 굳이 많은 돈을 모을 필요도 없다. 명품백이 아니어도 가방 역할 해주는 가방이 있으니 감사하고, 자동차가 있으니 감사하다. 설령 차가 없어도 우리나라만큼 교통수단이 잘 되어있는 나라도 드물다. 자가용 없으면 버스, 택시, 전철 타기가 용이하다. 건강해서 걸을 수 있으니 이 또한 감사하다. 더 큰 부자가 되고 싶으면 근면, 절약하며 열심히 살면 원하는 만큼 부자도 될 수 있다. 돈과 건강은 최선의 노력을 하고 얼마나 큰 부자가 될 것은 하늘에 맡기며 최선을 다하면 된다.

셋째, 우리에게 날마다 제일 큰 숙제로 다가오는 것이 사람과의 관계 문제다. 사람 때문에 날마다 울고 웃는 것이다. 제일 가까운 가족, 친구, 동료, 아이를 키우면서 받은 스트레스가 제일 클 수 있다. 그중 제일은 아이 키우는 게 아닐까?

어떻게 아이를 키우며 관계를 가져야 아이도 잘 자라고 엄마도 힘들지 않을까? 유아들의 영재교육을 만든 글렌도만 박사가 엄마들을 대상으로 40년간 실험을 하였다. 어떤 엄마가 키운 아이들이 영재가 되었을까? 머리 좋은 엄마에게 좋은 유전자를 받았으니 당연히 머리 좋은 엄마의 아이가 영재가 많을 줄 알았는데, 잘 들어주며 반응해주는 엄마 그룹에서 영재가 더 많이 나왔다고 한다. 우리는 상대방이 내 뜻을 따라주지 않을 때 "말을 안 들어요." 이렇게 말하지, 냄새를 못 맡아요, 이렇게 말하지는 않는다.

사람과 관계하고 살 때 잘 들어주는 경청이 얼마나 중요한지 말해 준다. 아이를 잘 키우는 최고의 방법은 눈을 보고 아이의 감정을 들어주는 것이다. 머리 좋은 것은 노력해도 어렵지만 반응해주며 들어주는 것은 노력하면 할 수 있다. 옆집 아이나 형제하고 비교하지 말고 한 사람의 인격체로 존중해 주면서 키우면 자존감이 높아지면서 건강하게 자란다. 발달장애 청소년들과 큰 행사 공연을 함께했었는데 난타 두 곡을 스스로 하기까지 10년이 걸렸다고 한다. 그 기간 포기하지 않고 가르치고 섬기는 선생님들을 보면서 감동의 눈물이 났다. 지인 중에 자녀가 자폐성장애인데 그분의 소망이 자녀가 다른 사람들처럼 직장을 잘 다니고 결혼을 하는 거였다. 그 자녀는 지금 결혼하여 직장을 잘 다니고 있다. 장애아들은 한 가지를 지도하는데 만 번의 수고가 들어가는데 내 아이가 정상이라면 만 번까지 노력 안 해도 됨에 감사하며 반응을 주자.

우리나라에 어떤 부부 문제도 해결이 되는 대단한 교회가 있다. 김양재 목사님이 계시는 우리들 교회인데 건물 입구에 '당신이 나보다 옳습니다.'가 걸려있다. 이 말이 마음에서 우러나오면 관계는 회복이 된다고 하였다. 지금 내 마음을 아프게 하는 사람에게 이 말을 해보자. "말도 안 돼. 내가 옳아. 당신이 틀렸어."가 금방 튀어

나올 것이다. 나는 전혀 문제가 없고 상대방 문제만 보일 때 인간 관계는 더 힘들어진다.

신앙생활을 잘한다고 평생 해 온 나도 젊은 날에 많은 고난과 어려움을 겪었다. 나는 잘 사는 것 같은데 왜 힘든 일들이 생기는지 알지 못했다. 세월이 많이 흘러 알게 되었다. 하나님을 믿는다면서 내 방식대로 믿고 내가 주인 되어 하나님을 끌고 다니고 있었다. '하나님 이렇게 잘할 테니 도와주세요.' 하나님께 묻고 질문하면서 하나님의 말씀을 경청해야 하는데 내 멋대로 믿었던 것이다. 하나님도 그럴 때는 침묵하시는 것을 경험하였다. 하물며 사람들이 내 입장만 얘기하고 나만 옳다고 했을 때는 관계를 잘할 수 없는 것이다. 나이를 먹으며 말을 많이 하지 말고 잘 들어주고 지갑만 열라는 말이 있다. 인간관계를 잘하는 것은 잘 들으며 긍정의 반응을 해주는 것이다.

하나님 말씀 잘 경청하면 축복을 받을 것이요. 부모님 말씀 잘 경청하면 효자 효녀가 될 것이며, 선생님 말씀 잘 경청하면 공부를 잘할 것이요. 친구들 얘기 잘 경청해 주면 좋은 친구들이 많을 것이다. 상대방이 변화되길 기대하지 말고 내가 달라지자. 나만 옳다고 생각하지 말고 상대방의 입장이 되어서 경청해 주자.

사람을 이해하면 관계가 해결된다. 누구나 장단점이 있음을 알자. 아! 저 사람 단점이 저거구나! 저 부분이 부딪히지 않으려면 어떻게 해야 할까? 저 사람이 틀린 게 아니고 나랑 다른 것이다. 누구나 단점이 있고 나와 똑같지 않음을 이해하면 인간관계는 해결이 된다. 내가 빨간색을 좋아한다고 빨간색만 있는 것보다 빨주노초파남

보가 있는 세상이 훨씬 아름답다. 다양한 사람들과 잘 지낼 수 있는 역량을 갖출 때 많은 사람을 거느리는 리더가 될 수 있다.

좋은 사람 나쁜 사람이 있는 것이 아니라 좋은 습관이 많으면 좋은 사람이고 나쁜 습관이 많으면 나쁜 사람이 된다. 좋은 생각이 좋은 행동이 되어 좋은 습관을 가진 좋은 사람이 되면 인간관계를 잘할 수 있다.

누구나 단점이 있고 다름을 인정하자. 이렇게 살 때 사람이 원수가 아닌 선물로 다가오는 것이다. 사람은 선물이다. 남편도 선물이다. 내 아이도 선물이다. 특히 내 아이를 나의 소유물로 생각하지 말고 하나님이 주신 선물로 받아들이자. 내 주위의 사람들이 선물이 될 때 행복한 삶이 열린다.

독서가 답이다

독서의 중요성은 많은 사람이 알고 있다. 하지만 의외로 책을 읽지 않는 사람들이 많다. 한 달에 책 한 권도 읽지 않는 사람들이 많으며, 일 년에 몇 권도 읽지 않는 사람들도 많다. 어제와 똑같이 살면서 다른 미래를 기대하는 것은 정신병의 초기 증세라고 아인슈타인이 말하였다.

나를 성장시켜 줄 최고의 도구가 책이라고 감히 말하고 싶다. 지금 살기 힘든 세상이라고 말들 하지만 어떤 이들은 지금처럼 살기

쉬운 세상이 없다고 말한다. 어떤 일을 시작하기 전에 실패하지 않으려면 그 분야를 연구한 책 50권만 읽고 적용하면 전문가의 길을 갈 수 있다고 했다. 성공한 사람들은 의외로 독서광이 많으며, 자신의 삶과 지식을 책으로 써서 브랜딩하였다.

워런 버핏, 일론 머스크, 빌 게이츠, 스티브 잡스, 링컨, 마크 저커버그가 독서광이며 특히 에디슨은 20대 시절에 도서관을 통째로 읽어 버리겠다며 도서관에서 살았다고 한다. 한국의 이지성 작가는 아버지에게 엄청난 빚을 물려받은 초등교사였는데, 하루에 책 한 권 읽고 출근하면서 책을 쓴 것이 베스트셀러가 되어 성공의 길로 가게 되었다.

미국 시카고대학이 삼류대학이었는데 우리나라에 1명 밖에 없는 노벨상을 2000년까지 예순여덟 명이 되는 노벨상 왕국이 되었다. 삼류대학이었던 시카고대학에 로버트 허친스 총장이 부임하면서 학생들에게 100권의 책을 읽게 하였다. 100권의 책은 마중물이 되어 많은 노벨상 수상자를 배출하게 되었다.

이순신 장군은 애초에는 문과였다가 적성에 맞지 않아 군인이 되었다. 시를 쓰고 난중일기가 없었다면 이순신 장군이 이렇게까지 우리에게 알려지지 않았을 것이다. 베스트셀러 역행자의 작가 자청도 힘들 때 독서를 집중적으로 하여 성공하였다고 한다. 요즈음 스마트폰과 인터넷에 노출이 되어 의도적으로 유아기부터 책을 좋아하게 하지 않으면 책을 가까이하기가 쉽지 않다.

천재는 한세대에 한두 명 나올 정도이지만 영재는 누구나 될 수 있다. 영재 기준을 보면 특정 학문에 높은 성취 능력을 보이는 사람을 말하는 것인데 영재들의 공통점은 한글을 빨리 터득하고 언어가 빠르며 집중력, 상상력, 호기심 기억력이 뛰어난데 이 모든 것들을 책을 통해서 길러질 수 있다.

여러 사정으로 학교를 제때 못 다닌 나는 늘 부족하다고 생각하여 책을 놓지 않았다. 초등학교 다닐 때 책을 읽으면 훌륭한 사람이 된다고 하여 학급 도서관에 있는 책을 모두 읽고 독후감 상도 탔다. 어른이 되어서는 1년에 10권 정도를 읽었다. 나름 잘한다고 생각했는데 자기경영 마스터를 배우는 과정에서 1년에 50권 읽겠다고 쓰라는 거였다. 내가 노는 것도 아니고 얼마나 바쁘게 사는데 일주일에 책 1권 읽으라는 거냐고 반문했지만 무조건 하라고 하였다. 1년에 50권을 읽는 세월을 2년여 보내다 보니 지식의 폭이 넓어지고 세상이 달라 보였다.

책을 읽으면 작가가 살아서 함께 하는 느낌이 들면서 삶이 외롭지도 않았다. 배경지식이 많아지고 내면의 힘이 길러져 어려움을 이겨내는 원동력이 되었다. 그 결과 책도 써서 베스트셀러 작가가 되고 박사학위를 받게 되었다.

독서를 폭넓게 접하다 보니 유아교육 전문가로서 그림책에도 관심을 갖게 되었다. 독서의 습관을 지금 길러주어 책을 좋아하게 해야 하는데 어떻게 할까? 고심 중에 그림책 공부를 다양하게 하게 되었다. 동화책이나 그림책은 아이들이나 읽어주는 책이라 생각했고 글밥에 따라서 책을 선정하였는데 잘 모르고 실수를 한 것이다. 동화책은 어린이가 읽는 책이고 그림책을 0세에서 할머니까지 읽는 책이었다. 글밥이 없어도 그림 속에 심오한 뜻이 담겨있는 그림책들이 너무나 많다.

특히 우뇌가 발달하는 유아기에는 그림책의 그림을 보면서 무한한 상상력과 창의력이 발달한다. 우리 원에서는 초등학교까지 만권 책 읽기를 목표로 하여 부모님과 함께 읽을 수 있는 책 선물하기와 대여, 담임과 날마다 그림책 하브루타 수업, 이사장님과 원장님이 들려주는 그림책 이야기 엄마가 들려주는 그림책 모임 등을 통해서 학교 가기 전 책을 좋아하는 아이가 되도록 만전을 기하고 있다.

아이가 꿈을 이루고 행복하게 살기를 바란다면 책읽기를 유산으로 물려주자.

인간에게 준 최고의 선물은 자연이다

하나님이 천지를 창조할 때 하늘과 땅과 바다를 만들고 해와 달과 별을 만드시고 좋아하셨다.

「성경 창세기 1장」

최고의 인문학 성경 첫째 장에 나올 정도로 자연은 중요하지만, 일상생활에 날마다 접하다 보니 별로 신기하지도, 놀랍지도, 좋은 줄도 모르고 살 때가 많다.

유아교육을 한 지 40여 년 동안 좋다 하는 교구, 수입 교재교구를 다 사용해 보았다. 나의 성장 과정과 내 아이를 키우면서, 40년 유아교육을 하면서, 박사까지 공부하면서, 자연만큼 소중하고 없어서는 안 되는 좋은 교구가 없다는 것을 깨닫게 되었다. 성경 창세기 1장의 천지창조가 인간에게 너무나 중요하기에 첫 장에 있는 것을 알게 되었다.

"정원과 도서관만 있으면 필요한 모든 것을 가진 것이다."라고 말한 로마 철학자 키케로가 말했다. 우리에게 자연이 없다면 하루도 살기가 힘든데 익숙해져 있어서 고마움을 모르고 가치 있게 사용할 줄도 모른다.

자연은 아이들의 놀이터이다. 스티븐 스필버그 영화감독은 어렸을 때 아버지께서 별이 뜨는 밤이면 카펫을 깔고 누워 별을 바라보며 꿈을 꾸게 해주었다. 그때 받은 영감으로 『ET』라는 영화를 만들어 세계 흥행 기록을 세웠다. 밤새 별을 본다고 입장료도 내지 않았다.

아이와 함께 밤에 별을 보며 달을 보며 이야기를 나눈 적은 있는 가? 동화작가 안데르센은 어렸을 때 글쓰기를 좋아해 동화를 써서 대회도 나가보고 사람들에게 보여 주었지만, 관심이 없는 것을 보고 실망하였다. 엄마는 꽃밭에 데리고 가서 어린 새싹을 보여 주며 "이 새싹을 보렴. 아직은 어려서 볼품이 없지만 잎이 더 생기고 키가 자라면 아름다운 꽃이 필 거야. 너는 아직은 어려서 이 새싹과 같지만, 세상에서 가장 아름다운 꽃을 피울 수 있단다." 안데르센은 엄마의 격려와 위로를 받으며 세계적인 작가가 되었다. 훌륭한 안데르센 엄마는 꽃밭에서 새싹을 통해 아이를 격려해 준 것이다. 자연은 훌륭한 교구이고 아이들의 놀이터다.

가난한 안데르센은 어느 날 귀족의 집에 초대받았는데 연못에서 헤엄치는 백조를 보았다. 그중에 자기를 닮은 초라하고 못생긴 아기 백조를 보면서 『미운 아기 오리』를 쓰게 되었다.

대학원 다니던 때 숲 교육의 대가이신 이명환 교수님과 숲 교육을 벤치마킹하고자 독일을 다녀왔다. 독일은 산이 없어서 평지를 산으로 만들어서 산속으로 들어가면 습하고 답답하기까지 했다. 그런 환경에도 아이들에게 숲과 자연을 통한 교육을 하는 숲 유치원들이 많았다. 이명환 저자의 독일의 숲 유치원을 살펴보면 2002년~2008년 기준 700군데가 숲 유치원을 운영하고 나머지 유치원들도 1주일에 1번은 자연 친화적인 교육을 한다.

일본에서 천재로 키운다는 유치원/어린이집이 있어서 현장에 적용하고 싶어 방문하게 되었다. '기적의 유치원'이라고 하여 책도 나오고 EBS에서 세계의 교육 현장이라고 방영되기도 한 곳이다. 원이 시골에 있으며 아침에 등원하면 운동장에서 달리기부터 하게 한다. 산속학교, 자연체험장을 함께 운영하면서 강이나 산에서 놀게 하였다. 텃밭에서 키운 것들을 요리해서 먹게 하면서 창의적인 모험을 즐기게 하는 것을 보면서 자연을 통한 교육이 얼마나 중요한지 새삼 느꼈다.

우리 유치원, 어린이집은 연경산, 수봉공원으로 숲 체험을 다니며 원내는 자연친화적인 환경으로 조성하여 텃밭 가꾸기. 동물 키우기, 연못에서 물고기 기르기, 꽃과 열매가 열리고 모래놀이를 하면서 지내게 해주고 있다. 아이들이 얼마나 좋아하는지 모른다. 직접 기르는 채소를 수확하여 먹으며 편식이 없어지는 경우도 많이 봤다. 집에서도 작은 화분이나 사과 상자를 이용하여 채소를 길러 수확하여 먹기 등을 해주면서 아이들의 정서 함양이나, 편식에 도움을 주기를 권장한다.

햇볕 쨍쨍한 날의 기적이라는 그림책 나눔을 엄마들과 하면서 햇빛 쨍쨍 내리쬐면 아이들과 뭐 하세요? 했더니 모두 웃으며 "집안에만 있게 해요." 하였다. 책을 들려줬더니 '햇볕 쨍쨍 내리쬐도 이런 모험을 할 수 있구나.' 하며 많은 생각을 하게 되었다고 하였다.

유치원에서 귀가 지도할 때 비가 오면 난감한 일이 생긴다. 잠깐만 한눈팔면 아이가 비를 맞으려 뛰어나가기 때문이다. 엄마들은 비를 맞으면 감기에 걸릴까 걱정하시기 때문이다. "야호! 비 온다." 그림책을 들려주면서 비 오는 날 아이에게 몇 가지나 경험시키세요? 하였더니 우산 쓰고 거닐기. 장화 신고 물장구치기… 몇 가지 생각에 멈추었다. "야호! 비 온다." 그림책을 보면 비 오는 날 84가지 경험을 한다. 비가 오면 감기 걸릴까 봐 걱정하며 방에만 있는 아이와 자연을 이용하여 많은 경험을 하는 아이하고는 상상력과 창의력이 비교도 안 될 것이다.

비싼 교구나 장난감이 좋은 교구 같지만, 자연을 따라갈 수는 없다.

비 오는 날, 눈 오는 날, 햇볕 쨍쨍 내리쬐는 날 가만히 있지 말고 많은 경험을 하게 해주자. 가까운 공원에 가서 개미가 기어가는 것, 나비가 날아다니는 것만 보고도 좋아하며 성장한다. 경험을 통해서 많은 생각이 자라게 해주자. 초등학교만 가도 할 수 있는 시간들이 줄어든다. 뒤늦게 중요성을 느끼고 상급생이 되어서 체험해 주려 하면 아이들이 낯설어하며 거부할 것이다. 지금이 골든타임이다.

유치원과 엄마가 하나 되어 자연이 아이들의 놀이터가 되게 해주자.

성공, 꿈은 이루어진다

인성의 꽃 「나눔」

미국 명문고등학교 「필립스아카데미」의 건학 이념은 「Not for self」「자신을 위하지 않는다」이다. 풀이하자면 '이곳에서 배운 것을 자신뿐 아니라 타인을 위해서 써라.'라는 뜻이다. 먹고살기 힘든 시절의 부모님은 "배워서 남 주냐? 너 잘되라고 그러는 거야. 너 먹는 거 보면 엄마는 안 먹어도 배불러."' 하면서 나밖에 모르는 이기적인 마음을 키워 준 적이 있었다. 나밖에 모르는 사람을 누가 좋아할까? 이 학교는 타인을 위해서 살라고 했더니 동문 35명 중 1명꼴로 미국 명사 인명사전에 올라 있고 백만장자 비율도 가장 높다고 하였다. 14대 대통령 프랭클린 피어스, 마크 저커버그 등 훌륭한 인사가 많이 배출되었다. 설립자 존 필립스는 교사들에게 인성과 지식을 강조하였다.

"지식이 없는 선한 마음은 악하고 선한 마음이 없는 지식은 위험하다."며 인성과 지식을 함께 가질 때 인류에 도움이 된다는 것을 말하였다. 『세계 최고의 학교는 왜 인성에 집중할까』에 보면 학교는 정보만 배우는 것이 아니라 함께 배우고 협력하며 답을 발견하는 곳, 급우의 의견을 존중하며 자신의 시간과 재능을 나누어 공존의 의미를 배워가는 곳이 「필립스아카데미」라 하였다. 내 아이만 잘되길 바라는 부모님과 경쟁심만 불러일으키는 우리나라 학교를 생각하면 너무나 부럽다. 내 아이가 지도자의 세 가지 조건을 갖출 때 끝까지 갈 수 있다. 인성과 실력을 갖추고 그것을 다른 사람에게 나누면 지도자의 능력이 된다. 우리도 도전해 보자.

『섬기는 부모가 자녀를 큰 사람으로 키운다』의 저자 정혜성 박사는 6명의 자녀를 모두 박사로 키우며 본인도 박사가 되면서 늘 강조하는 것이 '나눔과 섬김'이라며 다음을 강조하였다. 남을 돕는 과정에서 스스로 성장한다. 남을 도우면서 가장 도움받는 것은 바로 나 자신이다. 한 사람의 위대함을 그가 얼마나 많은 사람에게 도움을 주었는가로 평가된다,

부모가 먼저 스스로 자신을 섬기고, 서로를 섬기고, 자녀를 섬기며, 더 나아가 사회를 섬겨야 한다. 나만의 이익보다는 남도 같이 생각하면서 공동의 가치를 추구할 때 훌륭한 리더가 될 수 있다.

리더는 태어나는 것이 아니라 길러지는 것이다. 이런 게 바로 서면 공부하라고 강요하지 않아도 스스로 공부하는 아이로 만드는 비결이자 사람들에게 사랑과 존경을 받는 리더가 되는 것이다. 남을

돕고 베푸는 과정에서 아이 스스로 힘과 지혜를 얻게 된다. 부모가 먼저 남을 배려하고 봉사한다면 아이는 굳이 애쓰지 않아도 바르고 훌륭하게 자란다.

크고자 하거든 먼저 남을 섬겨라. 15년 전에 정혜성 박사를 알게 되면서 실천하고 노력하였다. 지금도 소중히 간직하는 책 중에 한 권으로서 가끔 꺼내 보면서 마음을 다스리곤 한다.

나누는 삶을 좋아하던 나는 유아교육을 먼저 한 선배로서 도움이 되고자 '꿈나눔지회'라는 단체를 설립하였다. 원장님들과 유아교육 관련 사업하는 분들과 함께 하나님이 기뻐하는 기업이 되고자 일주일에 한 번 모여 기도하며 포럼을 통해 나누며 실천하고 있다. 무엇이든 하나라도 주고 싶어서 섬긴다고 하지만 그런 과정에서 내가 더 도움을 받은 것이 많다 "나 살기도 바쁜데 잘 살 때 함께 할게요." 그렇게 미루다 보면 그런 날은 오지 않는다. 지금 할 수 있는 것부터 하면 된다. 시간을 내는 것, 물질로 돕는 것, 재능을 기부하는 것 중에 할 수 있는 것부터 작게 시작하여도 하다 보면 내가 성장하고 행복하게 된다.

내 실속 챙기지 않고 남을 위해 사는데 어떻게 잘 산다는 것일까?

40년 전 돈도 없고 차도 없던 나는 전철역이 가깝고 가격이 저렴한 주안역 뒤에서 원을 운영하게 되었다. 신도시가 생길 때마다 지인들은 어려운 지역에서 고생하지 말고 이사 가라고 하였지만 가르치던 아이들과 학부모를 떠날 수가 없어서 지금까지 그곳에서 운영하고 있다. 어려운 지역이었지만 나의 이익을 먼저 생각하지 않고 어떻게 하면 아이들이 잘 성장하며 부모님이 만족할까? 사명감을 가지고 교육에만 집중하다 보니 유아교육계에서는 성공했다고 인정받고 있다.

　어떻게 하면 "함께 성장하고 함께 행복하고 함께 성공할까?"를 놓고 늘 생각한다. 나의 노력이 다른 사람에게 열매 맺기를 바라며 학부모를 성장시키며 봉사단체인 '한사랑 나눔 봉사단'을 10년 전부터 설립하여 불우이웃을 돕고 있다. 필요한 곳에 시간과 재능과 물질을 기부하기 위해 노력하고 살다 보니 내가 더 성장하고 꿈을 이루며 행복하게 살고 있다.

우리가 잘 산다는 것은 무엇일까? 지금 세대들은 '부자'를 잘 산다고 생각하는 경우가 많다. 부자도 잘 못사는 사람들이 있고 가난해도 잘 사는 사람들이 있다. 나밖에 모르는 사람은 진정한 리더가 될 수 없다. 많은 사람과 더불어 행복하게 사는 「나눔」을 실천하며 큰 리더가 되자.

신앙: 고난 중에 나를 살리신 하나님

내가 만약 신앙생활을 하지 않았다면 지금쯤 어떻게 살고 있을까?

친정엄마처럼 힘들 때마다 술을 마시고 비관하다가 엄마의 삶을 따라갔을 것이다. 친정엄마는 대가족의 막내로 태어나 어릴 때 부모가 돌아가시고 오빠 집에 얹혀살던 중에 일본 위안부로 끌려가지 않으려면 결혼해야 해서 처음 본 남자와 결혼했다고 한다. 아이를 낳고 살았지만, 남편과 맞지 않아 도망을 나와서 살다가 아버지를 만나 나를 낳았다. 아버지랑 살면서 힘들 때면 내가 태어나서 살게 되었다며 어린 나를 구박하고 힘들 때마다 술을 마시어 일찍 돌아가셨다.

어릴 때는 그런 엄마가 원망스러웠지만 나도 한 여자로 살다 보니 엄마가 이해되며 살아생전 더 잘해 드리지 못한 것이 후회로 남았다. 엄마의 사랑도 못 받고 의지할 때 없는 나는 어릴 때부터 동네 교회를 다니기 시작했다. 교회를 가면 언니들이 잘해주고 먹을 것도 주고, 나를 챙겨 주니 교회가 나의 유일한 안식처가 되었다. 유치원이 동네에 있었지만, 내가 다닐 곳이라 감히 생각지도 못하고 창밖에서 내다보며 무용하고, 나 혼자 노래를 따라 해보았다. 그런 내가 교회를 가면 찬송도 가르쳐 주고 무용도 가르쳐 주니 너무나 행복했다.

교회를 다닌 나는 하나님이 누구신지 정말 살아계시는지 아무것도 몰랐지만, 신앙에 뿌리를 내린 나는 하나님 의지하며 아무리 어려운 일을 겪어도 엄마처럼 불행하게 살지 않았다. 고난이 올 때마다 걸림돌 되어 쓰러지는 것이 아니라 디딤돌 되어 성장하여 오늘에 이르러 꿈을 이루고 행복하게 살고 있다.

아이들을 키우다 보면 사춘기를 거치게 된다. 뜻은 다르지만, 우리가 말하는 사춘기는 부모와 의견 대립이 생기면서 말을 듣지 않는다고 생각할 때 '사춘기인가 봐.'한다. 사춘기가 오면 어린이가 성인으로 정신과 신체가 바뀌면서 자아가 생겨 의견 충돌이 나면서 반항하기 시작한다. 나름대로 풀고자 게임하고 밖으로 도는 것보다는 교회에 가서 친구들을 만나고 인문학의 최고인 성경의 가르침을 받고 봉사하고 나눈다면 사춘기가 무난하게 넘어갈 것이다.

내가 살면서 잘한 것 중의 하나가 며느리, 사윗감을 맞이하는 거였다. 아들은 학교 다닐 때 공부도 잘하고 인기도 많았지만 세상적인 조건보다는 신앙을 우선으로 하여 며느리를 맞이하여 먼 미국에서 아이들 키우며 아들과 행복한 가정을 만들어가고 있다. 딸도 선교사 집안과 결혼하여 신앙 안에서 하나님의 자녀가 되어 행복하게 살고 있다.

내가 아들, 딸이 연고지도 없는 미국에서 살아도 걱정하지 않는 이유는 하나님을 의지하며 살기 때문이다. 아들, 딸이 주일이면 교회에 가고 마음 상한 일이 있어도 신앙 안에서 풀어나가고 손주들도 기도하며 신앙 안에서 키우니 감사할 뿐이다.

우리 원은 미션스쿨은 아니지만 하나님을 섬기는 곳이다. 교직원들이 일주일에 한 번 모여 예배를 드리고 아이들도 부모님의 신청을 받아 어린이 전도협회와 함께 신앙 교육을 주 1회 하고 있다.

우리나라에도 외국에도 미션스쿨 대학이 많다. 기독교의 문화를 미리 배우고 함께 한다면 대학에 가서도 잘 적응할 것이다.

월요일부터 금요일까지는 교육기관에 맡기고 저녁 시간만 부모님이 함께해 주면 된다. 토요일은 여건이 허락하는 대로 자연과 함께 지내게 해주고, 주일에는 교회에 보낸다면 우리 아이들이 잘 자랄 거라고 나는 믿는다.

아무리 내가 성공해도 자녀들이 불행하다면 나 또한 행복하지 못할 것이다. 자녀를 위해서 나의 행복을 위해서 지금도 살아서 동행하시고 함께 하시며 눈동자처럼 지켜 주시는 나의 아버지가 여러분의 아버지가 되기를 소망하며 날마다 기도를 드린다.

꿈은 꼭! 이루어진다

"오랫동안 꿈을 그리는 사람은 마침내 그 꿈을 닮아 간다."

-앙드레 말로-

"세상에는 꿈(비전)도 없고 노력도 하지 않는 한심한 사람이 있습니다. 노력은 열심히 하는데 비전이 없는 미련한 사람이 있습니다. 꿈을 가지고 있는데 그 꿈을 이루기 위해 노력하지 않을 때 우리는 그것을 몽상이라고 합니다. 성공하는 사람은 꿈을 가지고 노력하는 사람들이다."

내 인생에 큰 도움을 준 멘토 강규형 대표 책에 나온 내용인데 100% 공감한다.

"꿈이 이루어질까?" 대답해 보라. 아니다 라고 믿으면 이루어지지 않고, 이루어진다고 믿으면 이루어진다. 나만 포기하지 않으면 언젠가 꿈은 이루어진다. 자 이제부터 이루어진다고 믿는 사람만 다음 내용을 읽기 바란다. 믿지 않으면 이루어지지 않는데 그럴 바에는 책을 덮고 다른 일을 하라. 통계에 의하면 87%는 목표와 비전이 없고 10%는 마음속에만 목표가 있고 3%만 글로 쓴 목표가 있다고 한다. 3%가 꿈을 이루고 세상을 지배한다.

구체적인 목표를 정해서 종이에 써서 날마다 보고 노력하자. 『생각의 비밀』의 저자 김승호는 목표를 날마다 100번씩 100일을 상상하고 쓰고 외치면 이루어진다고 하였다.

성공한 사람들은 성공할 행동을 하고 공부 잘하는 학생은 공부 잘할 행동을 한다. 내가 성공하고 싶은 분야에는 많은 고수가 있다. 고수들을 따라잡는 방법에는 무엇이 있을까? 경험을 통해서 시행착오를 겪는 것일까? 아니다. 지혜와 지식을 배우며 거인의 어깨에 올라타면 된다. 성공한 사람들의 86%가 평생 교육의 힘을 믿고 공부한다.

> *"부자들은 86%가 책 자체를 좋아하는 반면,*
> *가난한 사람들은 24%에 그친다."*

-생각의 비밀 중에서-

여러 가지 사정으로 제때 학교에 다니지 못한 나도 67세에 박사 학위를 받았다. 자랑할 것 없는 내가 이만큼 유아교육계에서 성공한 비결은 끝까지 공부를 놓치지 않았기 때문이다.

이제라도 늦지 않았다. 다음과 같이 다시 시작하자.
첫째 : 관심 있는 분야에 책을 읽으면서 공부를 시작하자.
둘째 : 학교, 학원, 온라인을 통해서 전문분야 공부를 시작하자.
이제 알았는데 마음의 준비도 했는데 시간이 없다고 핑계를 찾고 있지 않은가?

공부할 시간 내는 방법도 알아보자.
리처드 라이트 하버드대 교수는 하버드대에 들어가면 성공적인 대학 생활의 노하우가 시간관리라고 하였다. 직장을 다니며 일은 잘한다는 것도 제시간에 주어진 일을 해내는 것이다. 시험을 볼 때 답을 알아도 시간 내에 못 쓰면 틀린 것이다.
경영학의 아버지인 피터 드러커는 첫째 시간을 기록하고, 둘째 시간을 관리하라고 하였다.
많은 업무를 해야 하는 나는 3p 바인더로 시간관리를 하고 있다.
3p 바인더를 통해서 일간, 주간, 월간, 연간 시간관리를 효율 있게 하고 있다.

시간관리는 어떻게 해야 할까?

〈시간관리 방법〉

아이젠하워의 시간 매트릭스

	긴급함	긴급하지 않음
중요함	I	II
중요하지 않음	III	IV

첫째, 우선순위를 정하자.

하루에 12시간을 열심히 일한다고 하는 사람의 시간을 조사했더니 업무에 필요한 일은 하는 것은 3시간밖에 되지 않음을 말해 주니 놀랐다고 한다. 시간의 견적서를 내보면 우리는 중요하지도 긴급하지도 않은 일에 시간을 소비하는 경우가 많다.

①중요하고 긴급한 일은 무엇인가?

②중요한데 긴급하지 않은 일은 무엇인가?

③중요하지 않은데 긴급한 일은 무엇인가?

④중요하지도 긴급하지도 않은 일은 무엇인가?

②중요한데 긴급하지 않은 것은 무엇인가? 건강검진, 운동, 좋은

습관 기르기, 독서, 공부가 있을 것이다. ③번은 중요하지 않고 긴급한 일은 무엇인가를 깊이 생각하면서 ④번을 줄이고 ②번에 해당하는 영역을 꾸준히 하다 보면 ①과 ③번의 상황이 오지 않아 ②번에 해당하는 중요한 시간을 확보할 수 있다. ②번을 날마다 하면서 살 때 꿈을 이룰 수 있다.

둘째, 골든타임을 알고 잘 활용하면 하루를 이틀처럼 살 수 있다. 새벽 5시부터 8시까지가 골든타임이다.

새벽 시간 2~3시간을 확보하여 나를 위한 시간으로 활용하자.

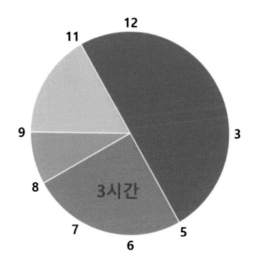

3h X 3배 = 9h

〈출처: 성과를 지배하는 바인더의 힘〉

아침형 인간이 성공하는 것은 그 시간이 이성적이라 쓸데없이 시간을 낭비하지 않는다. 신앙인이면 기도하고, 학생이면 공부를 할 것이다. 보통 사람들도 아침부터 술 좋아한다고 술 먹고 게임을 하지는 않을 것이다. 아침에는 집중력이 뛰어나서 2배의 효과가 나서 성공한 사람들은 오전에 중요한 일을 마친다.

아침에 일찍 일어나려면 저녁에 일찍 자야 한다. 일찍 자는 것부터 시작하자. 저녁에 일찍 자면 늦은 시간에 야식을 먹지 않아서 좋고 뇌세포가 발달하고 집중력이 생기고 아이들은 성장호르몬이 나와서 키도 잘 자란다. 아이들은 저녁 8시부터 책을 읽어주면서 9시에는 잠들도록 해주고 엄마, 아빠는 최소한 11시에는 잠을 자도록 하자.

꿈을 이루기 위한 방법을 다시 정리해보자.
① 꿈을 적는다.
② 이루어진다고 믿는다.
③ 독서와 함께 배움을 놓치지 않으며 꿈이 이루어지도록 노력한다.
이 모든 것을 하기 위해서 시간관리를 해야 한다.
꿈은 꼭!! 이루어진다.

구 순 림

꿈솔 숲 유치원 대표, 원장

7junim@hanmail.net

유아교육 경력 40년
응용미술학과 졸업
유아교육과 졸업
강남대학교 대학원 실천 신학과 졸업

"성공한 사람이 되려고 애쓰지 말고,
가치 있는 사람이 되려 애써라."

〈아인슈타인〉

그림책으로
보는
아이들의 세계

결핍이 나를 성장하게 했다

"절대 어제를 후회하지 마라. 인생은 오늘의 나 안에 있고,
내일은 스스로 만드는 것이다."

-L. 론허바드-

나는 두 자녀의 엄마다. 아이의 어릴 적 모습을 회상해보면 아쉬운 순간들이 많다. 아이의 시간은 멈추지 않고 흘러가는 데 엄마는 다시 돌아오지 않는 자녀의 성장 과정을 알지 못하고 짧은 시간을 무의미하게 흘려보냈다. 두 아이의 기질과 성향은 너무나 다른데 엄마의 생활방식과 교육방식은 같으니 아이마다 크고 작은 문제점이 나타날 수밖에 없었다.

나는 직장맘으로 아이를 키웠기에 마음 한편에는 미안함과 부족함이 늘 함께 자리 잡고 있었고 자녀 편에서는 내 엄마이지만 늘 내편이 아닌 유치원 원아들의 엄마였기에 늘 엄마의 부재로 인한 서운함이 있었다. 나는 바쁘다는 핑계로 아이를 이해하지도, 상황 파악도 못 하면서 살았다. 아이의 입학식, 졸업식, 참관 수업 등을 제대로 챙기지 못하였고 이모가 엄마 대신 참여한 적도 많았다. 지금 생각해보면 아이를 편안하게 키운 것 같지만 어떤 문제가 생기면 아이에게 미안한 마음이 가슴 언저리에 남아 있었고 직장에 매여 자녀의 마음을 헤아리지 못한 부족한 엄마였다.

아이는 학년이 높아져 갈수록 포기하여 학교에 행사가 있어도 엄마한테 오라고 말하지 않았다. "왜 오라고 안 했어?"라고 물으면 "엄마는 바쁘고 시간이 안 될 것 같아 말 안 했어."라고 대답하곤 했다. 그럼에도 불구하고 아이는 무탈하게 성장한 것처럼 느껴졌기에 아무런 문제가 없이 마음이 건강한 아이로 자라난 것이라 착각하였다. 엄마의 부재로 인해 마음 한구석이 비어 있는 아이의 허한 마음을 깨닫지 못했던 것이다. 나의 어린 시절을 비추어 보면서 언제나 엄마는 내 편이었고 항상 학교에 갔다 오면 나를 반겨주었는데 나는 아이들을 그렇게 키우지 못하였고 아이의 마음을 헤아리지도 못했음을 깨닫는다.

어린 시절 나는 우물 안 개구리였다. 엄마 말을 안 듣는 아이, 떼쓰고 고집 피우는 아이들을 잘 이해하지 못하고 버릇없는 아이라고 생각하기도 했다. 나는 순종적이고 착한 아이 어쩌면 존재감이 없는 아이였는지도 모르지만, 그 아이의 내면은 긍정적인 포용력이 있었던 것이다.

결혼하여 두 아이를 양육하면서 일어나는 부부의 갈등과 시댁 식구들과 관계를 맺어 가면서 서서히 가정의 모습을 갖추어 갔다. 서로 다른 가정 문화 속에서 자란 두 사람이 함께 살아간다는 것은 참으로 힘들고 고통스러웠지만 차츰 이해의 폭이 넓어지고 나와 다름도 인정할 수 있는 환경에 잘 적응한 어른이 되었다.

무한한 잠재력을 갖고 태어난 아이들

한 알의 씨앗 속에 '그 씨가 자랄 그 무언가를 갖고 있다.'라는 사실을 깊게 생각해본 적이 없었다. 아이가 밝고 곱게 자라는 것은 부모의 역할과 교육환경이 중요하다고 여겨 왔지, 그 생명 자체의 존재감에 대해서는 깊게 생각하지 못했다. 아이가 태어나면 정상적인 부모 밑에서는 별 탈 없이 그럭저럭 잘 자란다고 여긴 적도 있었다. 때때로 버릇없고 거친 아이를 만나면 아이의 부모는 어떤 분일까? 궁금해지기도 하고 '아이를 어떻게 가르쳤기에 저런 행동을 하지?' 하며 부모에 대한 책임과 의무를 다하지 못했다는 의심의 눈초리로 보기도 했다.

나의 어릴 적을 생각해보면 그림자 같은 존재. 존재감 없이 눈길을 주지 않아도 늘 말없이 그 자리를 지켰던 아이였기에 유치원 원아 중 말없이 묵묵히 지내면서 남에게 피해를 주지 않고 남에게 도움도 받지 않는 조용하지만 야무진 아이를 보면 그 아이들이 나의 눈에 먼저 들어온다.

그 이유는 나의 어릴 적 모습을 보는 듯해서다. 먼저 다가가 말을 건네면 쑥스러운 미소로 방긋 웃어주며 자기에게 관심을 가져 주는 것을 알고는 나를 반기며 아는 척을 한다. 이런 아이들이 시간이 지나 성장하고 발전해 가는 모습을 보면 대견하기도 하고 그 아이 나름대로 최선을 다하여 살고 있었음을 믿어 의심치 않는다.

내가 남에게 뛰어나 보이지는 않았지만 내면은 튼실하게 자라나 지금은 많은 아이의 엄마로 서 있듯이 유치원 원아들 중 내성적이고 말이 없는 아이들도 나름 잘 피어나고 있음을 믿고 있는 것이다.

나의 어릴 적 꿈은 선생님이다. 말수도 적고 얌전하지만, 소수의 친한 친구들도 있고 다정했던 친구들과의 학창 시절의 추억도 많다. 중학교 시절부터 힘든 친구 마음을 어루만져주고 이해해주는 상담사 역할도 했기에 자신의 이야기를 들어달라고 내 주변으로 친구들이 모여들곤 했다. 지금 생각해보면 내가 생각이 많은 조숙한 아이였던 것 같다. 학교에서 공부에 흥미가 없거나 뒤처진 아이들을 도와주는 조별 나눔 수업이 있었다. 나는 친구에게 문제를 자세히 설명해 주고 가르쳐주었다. 그 아이는 반 전체에서 가장 성적이 많이 오른 아이로 뽑혔고 그로 인해 나는 학교에서 표창장을 받아 기쁘고 뿌듯한 추억도 있다.

우리 집은 중 3학년 때 서울로 이사를 갔지만, 그때는 고등학교가 평준화가 아니었다. 시험을 보는 시대의 마지막 학년이었기에 서울에 있는 학교로 전학이 쉽지 않았고 고등학교를 졸업하고 나서야 서울의 가족 곁으로 가게 되었다. 부모와 떨어져 있던 그 3년간의 시간은 나를 폭풍 성장시키는 계기가 되었고 무엇이든 혼자 결정하고 선택해야 했기에 부모 밑에서 지낸 친구들보다 정신적 세계도 넓어져 있었던 것

같다. 결혼한 큰언니와 살면서 편식도 심하고 깔끔한 탓에 조카들이 내 물건에 손대지 못하도록 내 방에 들어오지 못하게 하였다. 내 방을 흩트리고 지저분한 환경을 견디지 못하는 아주 까칠한 성격의 소유자였다. 외적인 면은 가늘고 나약해 보이지만 내적인 면은 강한 의지력과 추진력, 집중력이 있어 자립심도 강하고 내가 선택한 것에 대한 책임과 의무를 지키기 위해 최선을 다했다. 나는 그렇게 나로서 형성되어진 것이다.

강낭콩 씨앗을 심으면 강낭콩이 되어 자라나듯 그 씨 속에 그 씨가 자랄 그 무엇이 있음을 믿고 아이를 기다려 주면 그 아이가 될 그 무엇으로 성장함을 알 수가 있다. 아이는 부모가 믿어 주고 기다려 주는 결과의 축적에 의해 좋은 성품으로 갖추어져 가는 것이다.

자녀를 키우는 부모는 어떤 조건에서도 자녀를 편견 없이 있는 그 존재 자체로 사랑해 주고, 보살펴 주어야 한다. 부모는 자녀를 키우면서 일어나는 여러 가지 고통과 고난을 인내하고 기다려 주면서 함께 성장하는 것이다. 아이가 나의 스승임을 깨달으면서…

초보 엄마들의 양육 실패의 경험

학부모 상담을 하다 보면 직장맘은 자녀와 함께 시간을 보내지 못하는 아쉬움과 자녀에게 세심하게 챙겨주지 못한 죄책감에 쌓여 있는 것을 본다. 그래서 엄마의 사랑과 보살핌 대신 물질로 보상하기 위해 애를 쓴다. 반대로 가정에서 자녀를 돌보는 엄마들은 지나칠 정도로 자녀에게 간섭하고 엄마표 놀이로 계획을 짜 아이가 생각하고 스스로 놀이를 선택하지 못하도록 방해하기도 한다.

엄마가 아이의 손과 발, 머리가 되어 주니 아이는 생각할 필요 없이 엄마가 시키는 대로 하면 된다. 결국 외적으로 자라가지만, 내적으로는 사고하지 않고 자율성이 없는 아이로 자라간다. 물론 둘 다 장단점은 있지만 그렇다고 둘 다 성공적인 육아법은 아니다.

특히 학교에 갈 시기의 엄마들은 자녀를 위해 직장을 포기해야 하는지 나의 개발과 미래를 위해 직장을 다녀야 하는지 고민에 쌓이게 된다.

부모의 과잉보호나 과도한 부재는 아이가 정체성이 결여된 상태로 성장하게 하고 타인과 성숙한 감정적 관계를 발전시킬 수 없게 만들 것이다. 〈회복력 시대〉 이글에서 보듯 부모의 과잉보호로 인한 문제점과 부모의 부재로 인한 문제점이 있다. 그래서 나는 고민하는 직장맘에게 몇 가지의 사례를 나누고 선택은 스스로 할 수 있도록 해주며 끝까지 용기를 가지라고 권한다.

나는 아이를 출산할 때와 몸이 아파 병원 치료 중 외는 직장일과 가정일로 바빴다. 직장일로 힘들 때 아이들이 투정하면 "엄마가 일을 그만두면 어떨까? 너희들도 잘 돌보아 줄 수 있고."라고 묻기도 했다. 그러면 아이들은 "엄마 괜찮아요. 엄마가 직장 다니는 것이 더 좋아요"라고 했다. 그래서 나는 40여 년간 교육 현장에서 경력을 쌓을 수 있었다. 다 아이들이 잘 이해해주고 잘 자란 덕이다.

코로나 팬데믹을 지나면서 유치원에 입학하는 원아들을 보면 이상 행동을 보이는 아이들이 점점 늘어가고 있어 마음이 아프다. 이런 현실에 대한 안타까움이 많아 어떻게 이 아이들을 교육할 것인가 고민도 해 본다.

로버트 풀검의 〈내가 정말 알아야 할 모든 것은 유치원에서 배웠다〉에서도 말하고 있듯이 유치원이란 곳은 작은 공동체이며 그곳에서 남을 배려하고 질서와 규칙을 지키며 가장 기본적인 사회생활을 배우는 곳이다. 인간이 살아가기 위한 기본 규칙을 알게 하기 위해서는 어디까지 훈육이 필요한지 훈육과 양육에 대해 늘 자문해 본다.

다양한 학부모님들을 만나면서 아이에게 선택권을 주고 자유를 준다고 하면서 아이들의 행동에 전혀 관여하지 않는 부모를 본다. 공동 공간에서 남에게 피해를 주어도 그냥 내버려 두는 부모님들이 있다. "그렇게 하면 안 되지, 하지 마!"라고 말은 하지만, 아이의 행동에 별생각이 없는 듯하다. 아이가 다른 친구들에게 피해를 주고 행동이 과격해도 "우리 아이는 집에서는 문제가 없어요. 생일이 좀 느린 편이라 시간이 지나면 괜찮아질 거예요. 이해해주세요." 한다. 벌써 만 3세이면 자기 행동에 대한 어느 정도 책임이 있어야 하는 부분도 있는데 자기밖에 모르는 막무가내인 아이도 있기에 유치원 생활에서는 늘 그것이 딜레마이다.

아이가 이렇게 된 이유는 무엇일까? 아이 탓일까? 부모 탓일까? 그 누구의 탓도 아니다. 초보 부모가 자녀를 양육하는 방법을 교육받지 못한 이유일 것이다. 자녀를 낳으면 좋은 것으로 입히고 먹이고 경험하게 하는 즉 눈에 보이는 것에 초점을 맞춘다. 진정으로 연령에 맞는 적절한 행동을 알려 주지 않았기 때문에 살아가면서 모든 관계에서 티격태격 난처한 일들이 생겨난다.

내가 행복해지려면 남도 행복할 수 있도록 배려하고 함께 노력해 간다는 것을 잊은 채, 최고인 나를 중심으로 되지 않으면 화를 참지 못하고 소리를 지르며 이상 행동을 하는 것이다. 물론 유치원이란 사회에서 공동체 생활을 처음 시작하는 곳이니 차츰 터득하며 배워 나가기는 하지만 …

자녀를 훈육하려면 부모가 먼저 올바른 훈육의 태도를 지녀야 한다. 훈육의 사전적 의미는 "품성이나 도덕 따위를 가르쳐 기른다."는 뜻인데 많은 부모들이 꽃으로도 아이를 때리지 말라는 말을 하며 내 아이 기죽이지 않고 자유롭게 기르겠다고 한다. 상담을 통해 그런 말을 듣고 아이를 관찰해 보면 자기 뜻대로 안 되면 울고 떼쓰고 어떤 아이는 친구를 때리고 고함을 지르고 심지어 물건을 빼앗고 던지기도 한다. 이런 일이 반복되다 보면 상대방 부모가 그 아이를 퇴소하게 하든지 자기 자녀와 떨어져 다른 반으로 보내기를 은근히 압력을 준다.

자녀 양육을 잘하기 위해서 개인적, 사회적으로 약속된 도덕적 규칙을 알려 주고 올바른 성장을 하게끔 이끌어 주는 것이 훈육을 맡은 부모의 역할이다. 양육의 사전적 의미는 '아이를 보살펴서 자라게 함'이다. 자기 자식을 잘 키우고 싶지 않을 부모가 어디 있을까? 각기 다른 문화에서 성장하여 결혼 적령기가 되어 가정을 꾸미지만 부모가 되는 과정과 부부가 행복하게 살아가는 법 등을 배우지 않고 결혼하여 자녀를 낳는다. 요즘은 결혼예비학교, 부부학교 등이 종교단체를 통해 전해지고는 있지만 극소수의 청년만이 이런 교육을 받기에 결혼 생활 시작부터 삐걱대기 시작한다.

결혼 생활이란 남녀가 정식으로 부부가 되어 한 가정을 이루어 살아가야 하므로 서로 맞추어 가면서 행복을 만들어 가는 것이어야 한다. 이런 과정 속에 자녀가 태어나면 경이롭고 신비하고 귀한 존재를 어떻게 양육해야 할지 몰라 한다. 마냥 귀엽다고 귀하게만 키우려다 보니 훈육과 양육이 잘되지 않고 있다가 단체 생활인 유치원에 오면서 문제점이 하나씩 드러나기 시작한다. 유치원의 학부모 중에는 정말 알콩달콩 행복해 보이고 예의도 바른 모범적인 부부도 있다. 그 가정의 자녀들 역시 밝고 행복해 보이며 안정적으로 보인다. 반면 아이의 얼굴빛이 늘 우울하거나 화가 나 있는 경우도 있다. "왜 속상한 얼굴이야?" 물으면 "엄마, 아빠가 싸웠어요. 속상해요."라고 말한다.

나는 여러 다른 환경에서 자란 아이들의 특성을 이해하며 아이들의 타고난 기질과 성격도 다름을 인정한다. 부모님의 양육 방식에 대해 이야기 듣고 이해하며 아이들의 힘든 일이나 문제점을 해결해 주려고 노력하는 것도 내가 해야 할 일이기에 최선을 다해 아이들과 소통하며 지낸다.

가정에서는 내 자녀 두어 명을 키우기에 아이가 원하는 것을 다 해주며 요구사항을 맞추어 줄 수 있지만 공동체 생활에서는 질서와 규칙을 지키지 않으면 안 된다. 차를 탈 때도 내가 먼저 타고 싶지만, 줄을 서야 하고 물을 마시고 싶어도 차례를 지켜야 한다. 그런데 무엇이든 내가 먼저, 아니면 친구를 밀치고 때리고 울음을 터트린다면 어떻게 되겠는가? 자녀를 양육하면서 먼저 인지적인 면을 가르치기보다 바른 인성을 가진 아이로 자라가게 도와주는 것이 부모로서 책임과 의무를 다하는 것이다.

내 자녀가 소중하면 남의 자녀도 소중하다. 함께 더불어 살아가는 바른 인성을 가진 아이로 양육하길 소망한다.

아이 스스로 살아 갈 수 있는 힘, 더불어 살아가는 힘 기르기

우리 원의 교육 철학은 '살아가는 힘을 기르는 교육"이다. 현시대는 자녀를 한 명 아니면 두 명을 낳아 기르다 보니 자녀가 너무 소중하여 부모가 아이들의 머리와 손과 발이 되어 준다. 아이가 심심할 겨를도 없이 생각하기 전에 미리 필요를 채워 주고 위험 요소를 제거해 주며 관계 형성까지도 다 해결해 준다. 그러다 보니 아이는 자기중심적으로 자라가며 인내하지 못하고 내 중심적으로 상황이 돌아가지 않으면 고통을 호소하며 소리를 지르든지 아니면 쉽게 포기를 하게 된다.

유치원 현관에 들어서면서부터 아이가 신발을 벗고 신발장에 넣는 것까지 기다림이 필요하다. 특히 부모가 현관에 서서 지켜보고 있을 경우 내가 도와 줄 것인가 아니면 혼자 스스로 하게 해야 할 것인가 원장으로써 눈치를 살피게 될 때도 있다. 부모의 입장에 따라 생각이 다 다르기 때문이다.

습관은 그냥 만들어지는 것이 아니다. 반복된 경험이 축적되어 행동으로 만들어지지며 실패의 경험도 필요하다. 우리 인생에 꽃길은 없다. 귀한 자녀의 인생길에 꽃길만이 펼쳐지길 원하는 부모가 간혹 있다. 만약 안정적이고 화려한 꽃길만을 고집한다면 '거센 바람과 폭풍우를 만나면 우리 아이는 어떻게 살아갈 수 있을까?'를 생각하지 않는 부모이다.

부모가 늘 곁에서 모든 것을 해결해 줄 수 없음을 알고 있지만 내 자녀만큼은 상처받지 않고 아름답게 피어나는 꽃이 되길 바라는 부모의 마음일 것이다. 우린 어쩌면 태어나면서부터 고통의 시작일 수 있다. 내가 하고 싶은 것, 내가 먹고 싶은 것, 기다림 등 참고 절제해야 하는 것이 바로 고통이다. 그런 기다림과 인내를 배우다 보면 경험이 축적되어 그것이 미래 나의 자산이 되는 것이다.

유럽의 숲 유치원을 탐방하면 어릴 적부터 생존에 대한 교육 즉 불을 사용하는 방법이나 칼이나 망치 등 도구 사용하는 법을 가르친다. 한국 부모 입장에서는 위험한 도구를 어린아이에게 준다는 것을 이해하지 못한다.

특히 덴마크학교에서는 행복을 가르치고 배운다고 한다. 덴마크학교의 행복 원칙인 접촉수업, 감정읽기수업을 듣고 놀라웠다. 행복을 가르친다고… 한국의 수업 시간은 읽기, 쓰기, 듣기 등 인지적인 부분을 많이 다루고 있지 않은가?

〈행복을 배우는 덴마크학교 이야기〉에서 보면 덴마크학교 수업 시간에는 아침마다 10분씩 함께 행복한 삶을 살아갈 수 있도록 친구의 표정을 읽고 감정을 이해하기 위해 어깨를 토닥여주고 등을 쓰다듬어 준다고 한다.

접촉수업은 나만의 행복이 아니라 우리 모두가 행복해질 수 있는 수업이다. 그래서 덴마크 아이들의 행복지수가 높은 것이다. 공동체도 행복하고 나도 행복해지는 교육이다.

챗 GPT가 출현하여 교육의 패러다임을 바꾸고 있는 급변하는 시대를 이해하고 자녀들에게 인지적인 면에 너무 포커스를 맞추지 말았으면 한다. AI를 능가하고 AI를 다스릴 수 있는 미래지속 가능교육으로 자녀를 양육하길 바라는 간절한 마음이다.

마음껏 뛰어놀면서 놀이가 밥이 되어야 하는데 부모들 중 일부는 의대를 보내기 위해 초등학생부터 학원으로 아이를 내몬다. 얼마 전 입학 문의 상담을 할 때 "공부 잘 가르쳐 주는 유치원 없나요?"하고 묻는 아빠가 있었다. 물론 있다. 하지만 공부 스트레스로 인해 정신과 치료를 받으며 지내는 아이가 있다는 소식은 접하지 못한 것 같다.

최근에도 학습 스트레스로 자기 눈썹을 뽑고 행동하는 불안정한 아이의 부모, 언어가 다 발달되지 않았는데 영유아기부터 과도한 학습, 영어로만 말하기 등으로 인해 우울증 증상이나 틱 장애 등을 호소하며 찾아오는 부모 등이 있는 현실이 안타까울 따름이다.

우리나라 아이들의 행복지수는 OECD 국가 중 꼴찌다. 그 이유는 어린 나이에 일찍 학습에 밀려 놀지 못하기 때문이라고 한다. 아이들에게 마음껏 자연에서 뛰어놀 수 있는 자유를 주고 싶다.

내가 만난 그림책으로 치유를 맛보다

"사막이 아름다운 것은
어딘가에 샘이 숨겨져 있기 때문이다."

-생떽쥐페리-

전쟁 같은 내 삶에 평안이 찾아옴

나는 늦둥이 딸이 있다. 늦은 나이에 자녀를 키우다 보니 직장일과 함께 체력의 한계로 인한 많은 어려움을 겪게 되었고 또 자녀양육으로 인한 남편과의 갈등도 많았고 늘 마음이 편안하지 못했다. 모든 것을 포기하고 싶을 정도로 육아에 지치고 직장일과 가정일이 온통 뒤죽박죽이었던 때에 2015년 12월 정원기반교육으로 최영애 원예치료학 박사님을 만났다.

로마의 철학자 키케로는 "정원과 도서관을 갖고 있다면 필요한 모든 것을 갖고 있는 것이다."라고 했다. 정원기반교육이란 정원과 도서관을 교육의 도구로 활용하는 것이다. 우주의 유일한 정원 지구이며, 그 속에 사는 우리는 자연을 압축해 놓은 곳인 정원에서 생명의 양육을 경험하게 된다.

도서관교육은 그림책으로 아이들의 사고를 확장하고 통합하여 연결시킬 수 있는 것이다. 정원기반교육이 자라나는 아이들에게 꼭 필요한 교육임을 알게 되었고 그림책을 도구로 교육하는 것에 대해 교육의 새로운 패러다임을 발견하게 된 계기가 되었다.

내가 운영하는 곳은 숲 유치원이다. 아이들을 자연 속에서 뛰어놀면서 자연과 하나 되어 자연에서 탐구하고 관찰하며 놀이를 탐색하는 곳, 자연이 유아들의 놀이터이자 교과서가 되는 교육을 실천하고 있어 정원기반 교육이 내 마음에 쏙 들어왔는지도 모른다.

특히 우리나라는 그림책 하면 어린아이가 보는 책이라 생각한다. 글밥이 적고 많은 책, 연령에 따라 구분 지어 부모들 사이에 추천 도서 리스트가 널리 퍼져 있다. 태어난 아이에게 그림책은 옹알이로부터 시작하여 언어를 습득하기 위한 도구로 사용됐고 아이가 점점 자라남으로써 글밥의 양에 따라 스토리가 있는 그림책을 아이들에게 읽어 준다.

말을 빨리 배우기 위해서, 글을 빨리 익히기 위해서 인지적인 도구로 사용되다 보니 연령에 의해 글밥이 적고 많음을 따지지 않았나 여겨진다. 나도 그런 생각을 한 적 있다. 글밥이 많은 책은 아이가 이해하지 못할 거야 하며 내용이 단순하고 쉬운 책을 먼저 들려주기 시작했다. 나는 그림책 공부를 하면서 우리 아이의 세계를 확장시켜주는 책을 들려주지 못한 아쉬움이 늘 남았다.

또 우리 아이가 어렸을 때는 창작동화, 인성동화, 수학동화 책들이 많이 나와 집집마다 세트로 사는 것이 유행이었다. 벌써 20년 전 이야기지만 큰딸은 어릴 적 세계 명작동화, 전래 동화를 무척 좋아해서 셀 수 없이 반복하여 많이 읽었다. 아이가 성장해 가면서 권선징악에 대한 옳고 그름에 대한 이야기를 많이 하는 것을 보며 깜짝 놀란 적이 있다.

그림책은 사고를 확장시키고 통합하며 연결시켜야 하는데 이분법적인 사고를 심어 준 것 같아 미안했다. 그 이후부터는 다양한 그림책을 들려주려고 노력하였다.

박사님을 만나고부터 아이들의 사고를 축소, 배제, 단절시키는 그림책과 사고를 확장, 통합, 연결하게 하는 그림책이 있음을 알게 되었다. 박사님이 추천해 주신 그림책들은 작가들의 메시지가 깊고 오묘했으며 그림책 속 이미지와 이야기가 나를 변화하도록 만들어 갔다.

좋은 삶을 산 사람들이 좋은 그림책을 쓸 수밖에 없음을 확신하게 되었고 그림책을 도구로 공부를 시작한 결과 나의 삶의 태도도 긍정적인 생각을 하고 남을 이해하며 포용하고 수용하는 사람으로 바뀌었다. 또 미래의 내 삶을 어떻게 이끌어 가야 하며 현재 어떤 삶을 살아야 하는지를 알게 되었고 늘 질문을 해 본다.

박사님은 40년간 그림책을 연구하였다고 한다. 그 연구 결과물로 그림책 100권을 자녀에게 꼭 들려주어야 할 보물 같은 책으로 선정하여 (보물 씨앗이라 말함) 우리에게 그림책과 Piaget(유아의 발달 단계)이론에 맞게 연결하여 주셨다.

수 년간 박사님과 지속적으로 배움의 교류를 갖다 보니 내가 만난 그림책을 이 시대에 필요한 그 누군가에게 꼭 전해 주고 싶었다. 전해 주고 싶은 첫 번째 대상은 유치원 전체 원아이며 그 속에서 어려움을 겪는 아이들이다. 전체 원아를 위해 각 반에 들어가 일주일에 한 번씩 그림책을 들려주는 그림책 전도자가 되었다.

나는 유치원이라는 필드에 아이들이 많이 있어 그림책을 들려주기 최적의 조건을 갖고 있다.

날마다 아이들을 만나 그림책을 들려주기 시작하니 아이들과 원장 사이에 사랑의 꽃이 피어나기 시작하였다. 마음이 힘든 아이, 우는 아이, 떼쓰고 고래고래 고함을 지르는 아이, 친구를 때리는 아이, 화가 머리끝까지 있는 아이들을 날마다 만나 아이들의 이야기를 들어 주고 함께 웃고 슬퍼하며 나도 함께 성장해 가고 있다.

두 번째 대상은 원아들의 부모님이다. 좋은 그림책 부모모임을 하면서 부모로서 자신의 모습을 되찾아 진정한 엄마로 다시 태어나는 여정을 보게 된다. 자녀를 위해 그림책 모임에 왔지만 "그림책이 어른들에게도 메시지를 주고 감동을 주는지 제가 바뀌어 가고 있어요."라고 이구동성 말한다. 엄마가 변하니 아이도 변하고, 엄마가 행복해야 아이도 행복하다는 결론에 도달하게 된다.

실낱같은 희망이 보임

나는 좋은 그림책을 만나면서 좋은 삶을 산 사람들의 이야기들을 나의 삶 속에서 비춰보기 시작하였고 자녀 또한 그 아이가 될 그 무엇이 있음을 인정하고 기다리며 인내하게 되었다.

결국 내 내면이 튼튼해지니 자녀와 남편과의 갈등, 관계 속의 어려움 등이 서서히 정리되기 시작했다. 그림책 공부를 본격적으로 시작하니 마음 한구석에 숨겨 둔 아픔과 상처들이 나오기 시작하였고 어느덧 마음에 감추어져 있는 초 3학년 둘째 딸이 마음에 걸렸다.

시골에 사시던 시어머님을 갑자기 모시게 되었는데 아이는 마음의 준비도 없이 친할머니와 함께 살아가야 하는 것과 엄마의 부재로 인해 감당해야 할 일(스스로 모든 일을 해야 하는 것)등 새롭게 바뀐 환경에 대한 적응의 힘겨움이었다.

엄마 대신 할머니를 챙겨야 하고 할머니의 마음에 맞게 행동해야 하는 것들이 아이에게는 스트레스로 찾아온 것이다. 내가 퇴근해 가면 어떨 때는 펑펑 울기도 하고 속상해할 때가 한두 번이 아니었다. 가족이란 관계가 갑자기 복잡해지기 시작하였다. 나는 누구 편도 못 들고 아이를 잘 달래주며 지내왔지만 언제 폭발할지도 모른다는 강박관념에 사로잡혀 긴장 상태로 지내게 되었다.

그래서인지 그림책 공부를 하면 할수록 둘째 딸에 대한 부담감이 커지면서 그림책 모임에서 늘 그 아이 이야기를 했다. 그러면 박사님은 "내가 그 아이 이야기를 안 하게 되면 그때 모든 것이 다 해결될 것"이라고 했다. 점점 그림책이 내 속에 병들고 아픈 상처들을 끄집어내어 마음을 만져 가는 것을 알게 되었다.

바쁜 엄마 때문에 속상해했을 아이에게 다가가 내가 먼저 감동받은 책을 딸에게 들려주기 시작했다. 그리고 시간이 나는 대로 마을 뒷산을 산책하며 자연과 함께 놀아 주기 시작하였다. 봄에는 진달래 잎을 따 와서 화전도 만들어 먹고 산딸기도 따 먹고 여름에는 숲이 우거진 곳 아래 그루터기에 앉아서 간식을 먹으며 쉬기도 하였다. 가을에는 도토리도 주워 열쇠고리도 만들어 보고 앙상해진 겨울나무도, 하얗게 눈이 덮인 산길도 걸으며 도란도란 이야기꽃을 피웠다.

그래서인지 작은 아이는 굉장히 감성이 풍부하고 자연을 사랑한다. 자연에 대한 관심도 많고 자연물에 대한 애착도 있어 노란 은행잎을 가지고 와서 책갈피도 만든다. 그럴 때면 자연을 가까이하지 않았던 큰딸은 지저분한 것을 주워 온다며 칠색 팔색을 한다. 작은딸에게는 엄마와 산책했던 것이 유일하게 숨을 쉬는 공간이며 행복한 시간이었는지도 모른다.

지금은 아련한 추억이 되어 작은딸 가슴 속에 담겨 있다. 처음에는 그림책을 유치원 아이들이 읽는 책인데 하며 거부 하였지만, 점점 서로의 마음을 나누게 되었고 좋아하는 딸의 모습 속에서 시간이 허락될 때마다 그림책을 들려주기 시작했다. 딸은 엄마가 늘 책 들려주니까 친구들이 부러워한다고 자랑하였고 선생님께서도 "너희 엄마는 너한테 책을 읽어 준다고" 하면서 좋겠다고 했단다.

지금은 고 2학년이 되었지만, 가끔씩 "엄마가 감동받은 책이야!" 하며 책을 들려주면 한마디씩 툭 던지며 대화를 시작한다. 이렇게 딸과의 소통의 문이 열리게 되었고 "공부해라, 스마트폰 하지 마라!" 잔소리만 하던 엄마에서 딸을 이해하며 기다려 주는 시간이 많아졌다. 지금은 둘째 딸에 대한 마음의 힘겨움이 사라지고 자유로워졌다.

이미 고인이 된 시어머님은 아이 마음속에 상처는 조금 주었지만, 아이가 마음으로 할머니를 떠나보내고 회복이 되었음을 느낄 수 있었고 아이도 그때는 속상했지만, 지금은 할머니를 이해하고 괜찮아졌다고 이야기한다.

엄마의 서재에서 성장하는 아이들

"교육은 그대의 머릿 속에 씨앗을 심어주는 것이 아니라,
그대의 씨앗들이 자라나게 해 주는 것이다."

-칼릴 지브란-

매일 매일이 기대되는 삶

나는 2018년부터 유치원 원아들에게 그림책을 들려주기 시작했다.

졸업생 A라는 아이는 그림책이 너무 좋다면서 "앞으로 커서 원장님 처럼 그림책 들려주는 사람이 되고 싶어요." 했다. 졸업생 A 엄마는 그림책 부모 모임에 참석하며 현시대의 흐름에 치우치지 않고 자녀 양육하는 법을 배우기 시작하였다. 나의 주선으로 홈스쿨링하는 엄마들을 만나게 되었고 공교육이 아닌 도서관에서 책을 보며 유치원부터 대학을 간 아이들의 이야기도 듣게 되었다.

요즘 학원을 안 다니는 아이는 없다. 졸업생 A 엄마는 학원 없는 세상에서 내 아이를 잘 키워보겠다고 하였지만 늘 심한 갈등 속에서 살았다. 그런데 도서관 교육으로 대학까지 졸업하고 건강하게 성장한 청년의 이야기를 들으며 큰 위로를 받고 도전받는 기회가 되었다고 함께했던 어머님들은 말했다.

뜻이 맞는 엄마들끼리 모여 또래 친구들이 학원 가서 공부하는 시간에 공원이나 숲을 산책하기도 하고 도서관에 데리고 가서 책을 함께 보기도 했다고 한다. 책에 대한 궁금증이나 호기심이 생기면 주변 환경을 조성하여 아이가 탐색하게 했고 그림책과 연관된 활동들을 할 수 있도록 여건을 만들어 주기도 했다고 한다. 그 아이들은 늘 여유롭고 구김 없는 얼굴로 듬직하게 자라갔다.

졸업생 B라는 아이는 늘 불만이 가득하고 분노에 차 있는 듯 친구들을 때리는 과격한 아이였다. "친구를 왜 때렸니?" 물으면 "그냥요, 화가 나서요." 한다. "왜 화가 나니?" 하면 "몰라요. 그냥요" 했다.

그 아이가 등원하면 아침마다 원장실에서 그림책을 들려주었더니 어느 날 "저도 웃는 얼굴 그릴 수 있어요." 하였다. (전에는 사람의 얼굴을 그릴 때면 화난 표정의 사람만 그렸다) 그 이후로 화가 조금씩 가라앉는 듯 점점 아이의 얼굴이 밝아지고 환해져 갔고 어느 날 "원장님, 제가 원장님 안아줘도 돼요?" 하며 나를 꼭 안아 주었다. 난 눈물이 핑 돌았다. 정말 감동스러운 순간이었다. 나도 아이를 꼭 껴안아주고 교실로 올려보냈다. 일주일 이상 그 아이는 매일 같은 행동으로 나를 안아 주고 "원장님 열심히 일하세요." 하며 올라갔다. 그러면 나도 "너도 열심히 해" 격려해주고 교실로 보내었다. B라는 아이에게 100번 이상 지속적으로 만나 그림책을 들려주다 보니 정이 많이 들었다.

졸업을 앞두고 있는 아이에게 아쉬움이 남지 않도록 부지런히 더 많은 책을 들려주려고 애썼다. 좀 더 일찍 그림책으로 아이를 만났으면 하는 아쉬움을 가졌다.

졸업생 C라는 아이는 그림책을 들고 난 후 사인(나는 "잘 들어 주어서 고마워"라는 뜻으로 사인을 받는다.)을 할 때 처음에는 이름이나, 하트로 사인을 해주었지만, 점점 그림책의 주제에 맞는 그림을 사인으로 그리는 것이다. 나는 작은 공간에 주제를 그리는 C가 그림책 내용을 이해하고 표현하는 아이임을 알게 되어 졸업을 일주일 앞두고 C에게 사인한 것을 보고 똑같은 그림을 그려 달라고 부탁하였다. 여러 장을 그려야 해서 "힘들면 쉬었다 해도 돼!"라고 하면 "아니에요." 하며 최선을 다해 그려주었는데 졸업식 전날까지 무려 70장을(A4 4/1 정도의 용지) 그려주었고 나 혼자 보기가 아까워 급하게 액자를 만들어 졸업식 날 전시를 하여 주었다.

부모님도 몰랐던 일이라 그날 보고서 깜짝 놀라시며 "우리 아이가 이렇게 다 그린 것 맞나요?" 질문을 했다. 나는 그 아이의 숨은 재능을 발견해 주어 너무나 뿌듯했고 나 또한 보물을 가진 듯 그림을 선물해 준 아이에게 감사했다. 농부가 씨를 뿌리고 수확하기까지 얼마나 많은 기다림이 필요한가? 나는 그동안 인내의 결과로 보물 같은 그림을 수확하는 기쁨을 누렸다.

졸업생 D라는 아이는 언어 치료를 받고 있다고 하였다. 의사소통이 잘 안되다 보니 때로는 짜증이 많고 까칠하다. 난 그 아이의 말을 전혀 알아들을 수가 없었지만 자기가 싫은 것은 싫다고 반응하는 아이였다.

지속적으로 20번 정도 그림책을 반복하다 보니 어느 날 한 단어 정도는 알아들을 수 있었고 반복적으로 같은 책을 들려 달라고 해서 10번 정도 더 들려주니 그 책 내용을 다 외워 버렸는지 내가 책장을 넘길 때마다 계속 글을 더듬더듬 소리 내어 읽기 시작했다.

내가 어느 정도는 알아들을 수 있게 되어 깜짝 놀랐다. 50번 이상 그 책을 반복하더니 이젠 책 속에 나온 내용의 글자는 정확하게 발음하여 읽기 시작하였다. 이것을 통해 반복의 힘이 크다는 것도 알게 되었고 뇌에 좋은 기억으로 저장되어 뇌에서 통합과 연결이 일어남도 알게 되었다.

E라는 아이는 유치원 문 앞에서 할머니의 손을 붙들고 울면서 떨어지지 않으려고 했다. 할머니께 양해를 구하고 울어도 원장실에 데리고 와 이런저런 이야기를 꺼내며 책을 들려주기 시작했다. 시간이 지나면서 등원하는 아이의 표정이 밝아지고 차츰 안정감이 느껴질 정도로 행복한 모습으로 등원하고 자신감에 차 있었다.

내가 허리를 다쳐 힘든 때가 있었다. 허리가 아프니 내 자세가 이상해 보였는지 "왜 그래요?" 하며 물어보아 "응, 허리가 아파서."라고 했더니 다음날 E라는 아이가 등원 때 OO파스를 내밀면서 "원장님 붙이세요. 우리 할머니가 주신 거예요." 하였다. 할머니 치맛자락을 붙들고 울고 떼를 쓰는 아이에서 한 뼘 한 뼘 쑥쑥 자라가고 있었다.

F라는 아이는 전혀 소통이 안 되고 산만하여 집중을 잘 못 하는 아이다. 매일 책을 들려 달라고 가방을 메고 원장실 문고리를 붙들고 기웃거린다. 아무리 바쁜 일이 있어도 찾아오는 아이를 지금은 안 된다고 할 수는 없었기에 기쁜 마음으로 들려주었다. 그 아이는 편지를 써 와서 책상에 두고 갔다고 하는데 내가 미처 발견하지 못했다.

다음날 자기가 써 준 편지가 어디 있는지 찾는다. 너무 놀라서 "어!" 하며 얼버무리며 "내일이면 찾아서 꼭 여기 붙여 놓을 게." 하니 "알았다"라고 하면서 교실로 올라갔다. 오후에 똑같은 편지글을 써서 다시 가져왔다.

나는 그 아이가 써준 편지를 찾아 다음날 2장의 편지를 테이블에 붙여두었더니 아이가 너무 좋아하며 올 때마다 "이거 제가 써 준거죠?" 하며 되묻는다. 그것을 보면 뿌듯한지 자랑스러워한다. 7살이 되었는데도 테이블에 있는 사랑의 편지를 보고 "이거 아직도 있네요." 하며 미소를 짓는다.

G라는 아이의 엄마는 좋은 그림책 부모 모임에 늘 오신다. "엄마가 오늘 그림책 공부하러 오시는데 어디에서 배워요. 여기인가요?"라고

묻는다. "아니, 아래 교육실이 따로 있어"하니 "아, 그래요." 한다.

나는 "그런데 왜 묻니?" 하니까 "나도 그림책을 들으면 기분이 좋아지니까, 엄마도 기분이 좋을 것 같아서요. 그래서 저도 기분이 좋아요" 한다. 나는 전화 상담할 일이 있어 어머님께 그 말을 전해 드리니 감동이라고 하면서 아이가 많이 성장한 것 같아 가슴 벅차다고 울먹이셨다.

H라는 아이는 참으로 싹싹하고 예절도 바르다. 그 아이의 내면은 항상 요동치고 있었다. 그림책을 들려주는 나한테는 집에서 일어난 속상한 일들을 이야기하지만, 담임교사에게는 다르게 이야기한다.

그 사실을 알게 되어 유심히 관찰 해 보니 나한테 이야기한 것은 진짜 속상한 마음을 털어놓은 것이고 담임교사에게는 자기가 이야기한 것이 혹시나 엄마에게 전해질까 봐 두려워서 꾸며낸 이야기를 하는 것이었다. 이 아이의 이중적 마음을 누가 다스려 줄 수 있을까?

아이는 자신이 선택한 그림책을 들으면서 자기의 마음을 표현하기도 하고 마음을 다스리기도 하는 구나를 느낄 수 있었다. 자기 마음을 이해받고 싶어서…

I라는 아이는 산만하고 집중하지 못하고 자기주장도 엄청 강한 편이다. 그림책을 들으려고 왔어도 전혀 집중하지 못하고 사방을 둘러보며 어수선하다. 그래도 난 도를 닦는 심정으로 인내하며 들려주니 어느 날은 내 손에 뽀뽀하여 난 깜짝 놀랐다. "왜?"라고 물으니 "원장님 사랑해서요."라고 하며 쑥스러운지…. 다음날도 반복하며 사랑을 고백한다.

또 어떤 때는 귀에다 대고 "원장님 사랑해요."라고 하며 교실로 올라간다. 참으로 행복한 날이 아닐 수 없지 않은가? 시간은 흘러가는 것이 아니라 이야기를 담고 축적됨을 깨닫게 된다.

그림책 하나로 아이들의 마음을 사로잡고 있는 것이다. 아이들의 무의식 속에 있는 깊게 내재된 마음이 그림책과 만나 소통이 되면서 화가 많은 아이는 화의 근원인 분노를 쏟아내고 자신이 없는 아이는 용기를 심어 주는 그림책을, 애착 형성이 잘 안된 아이와 불안감이 있는 아이는 애착과 사랑에 관계되는 책을 선호하면서 하루하루 그 마음을 쏟아내고 있음을 보았다.

시간이 흐르면서 아이들의 마음이 회복되면 새로운 그림책을 탐색하며 호기심을 갖게 된다. 이 모든 것이 그림책의 힘, 그림책이 마음을 만져주며 회복시키는 치유의 과정임을 절실히 깨닫는다. 하지만 그곳에는 반드시 사랑이 전제된 따스한 보살핌과 그림책이란 도구가 있기에 가능한 일이다.

유치원 현장에서 일어난 사례와 에피소드는 많이 있지만 여기 다 적을 수가 없다. 기회가 된다면 다음 책에서 부모님의 동의를 구해 사례들을 나누도록 하겠다.

아이와 부모가 함께 성장하는 길

나는 매일 출근하자마자 테이블에 그림책과 사인북(엄마의 방)을 펼쳐 놓고 아이들을 기다리고 있다. 많은 경험의 이야기가 나에게는 있다. 그 사례들을 통하여 분명하게 깨닫게 되는 것은 아이들이 그림책 이야기를 통해 치유되고 회복되어 성장하며 발전한다는 것이다.

지금도 매일 아침마다 책을 들으려고 원장실로 찾아오는 아이는 하루 10~12명 정도이다. 그래서 항상 내 목소리는 잠겨 있다. 어떨 때는 머리가 핑 돌기도 한다. 말을 너무 많이 하기에 체력의 한계를 느낄 때도 있다. 하지만 그림책 듣기를 기다리는 눈망울을 생각하면 멈출 수가 없다.

교실에 들어가 반별로 책을 들려 줄 때 일어 난 일이다. "원장님 좋은 그림책 들려주셔서 감사합니다. 오래 기다렸는데 너무 책이 짧아요. 더 들려주세요." 요청하기도 한다. 나는 인기 많은 그림책 선생님이다.

〈언제나 엄마는 나를 사랑해요〉 그림책을 듣고 "엄마가 너희들을 사랑한다는 것을 어떻게 알 수 있을까?" 하며 질문을 했다. 아이들의 90% 이상은 "제가 엄마를 도와 줄 때, 장난감을 치울 때, 동생과 놀아 줄 때, 뽀뽀해 줄 때, 엄마가 안아 줄 때" 등 "사랑해요"라고 조건부적인 다양한 사랑을 이야기한다. 이때 마음이 씁쓸하기도 했지만 두어 명의 아이들이 "내 엄마이니까요, 난 엄마 딸, 아들이니까요. 그냥요" 한다. 그래서 부모가 된 나는, 언제 자녀가 나를 사랑 할까를 생각해보는 계기가 되고 나도 좋은 엄마로 자녀에게 기억되고 싶은 소망을 갖게 된다.

이번 방학 기간에는 해외연수를 다녀오자마자 개인 휴가 기간을 이용하여 매년 해온 필리핀 봉사활동을 다녀왔다. 비록 영어로 말은 잘 못하지만, 그것이 한계로 느껴지지 않는다. 올해에는 9년 동안 쭈욱 다녀온 필리핀 산타 마리아 지역으로 갔는데 현지 아이들을 만나 미술 수업, 게임, 레크레이션 등 재미나는 활동을 가르친다. 기회가 되면 봉사활동에서 일어난 좌충우돌 이야기보따리를 풀 수 있으리라 생각한다.

내가 연수와 봉사활동으로 자리를 비운 사이 방과 후 아이들은 왜 책을 안 들려주는지 물어보고 "원장님 어디 계세요?" 하며 물어봤다고 한다. 전에도 가끔 원장실을 들여다보며 손님과 면담을 하고 있으면 "원장님은 언제까지 바쁘신가요?" 하며 원감님께 꼬치꼬치 물었다고 한다. 그 아이들이 있어서 그림책 이야기 들려주기는 계속 이어지고 있는 것이다.

코로나 이후 원마다 ADHD(주의력 결핍과 과잉 행동장애), 정서장애, 행동발달장애, 분노조절장애 등 다양한 유형의 기질을 표출하는 아이들이 많아졌다. 그런데 심리상담 및 치료과정에서 아이가 어릴수록 다양한 형태의 장애를 식별하기가 어려워 현장에서 교사와 부모와의 갈등으로 이어지는 사례가 많아 어려움이 있다.

이 문제를 풀어가기 위해 부모가 식물을 기르듯 아이를 기른다면 해결책을 찾으리라 생각한다. '두뇌는 스스로 문을 열고 닫는다.' 그래서 부모가 사랑으로 자녀의 이야기를 들어주고 안아주면서 날마다 좋은 그림책들을 들려주며, 그 아이 존재 자체를 사랑으로 보살펴 준다면 아이들은 변화되어 갈 것이다.

엄마가 행복해야 아이가 행복하다. 엄마가 준비되어 있지 않고 알지 못해서 올바른 양육 방식이 아닌 부모의 감정이나 행동으로 양육하다 보니 아이가 상처받고 어려움을 겪는 것이다. 우리 유치원은 육아가 힘든 엄마들을 위해 그림책으로 서로 소통하기를 원하는 '좋은 그림책 부모 모임'이 있다. 그림책 모임은 매 회마다 5주간씩 진행한다. 벌써 19회 차까지 마치면서 다양한 가정의 모습과 양육 방식에 대한 것을 알게 되었다. 자녀를 키우면서 어려운 일들을 겪을 때 네이버나 맘카페를 통해서나 이웃집 사람들에게 흔히 물어보기도 한다. 하지만 아이의 기질과 특성이 다르기 때문에 잘못된 정보를 받을 수도 있다. 그러나 부모 모임 안에서는 아이를 낳고 기르면서 일어나는 일들을 현직 교사들과 직접 소통이 가능하기에 아이들의 개별적인 문제에 적절한 대응을 할 수 있어 유익하다. 이렇게 우리 유치원 학부모님들에게는 그림책으로 소통하는 창구가 항상 열려있다. 그림책 모임을 통해 엄마들과 서로 대화하고 함께 웃고 울기도 하며 자녀를 키우면서 일어난 일화를 나누면서 서로에게 힘이 되어주고 격려하며 차츰차츰 멋진 엄마로 성장하고 있다.

그림책을 도구로 하여 엄마는 아이와 소통하고 아이와 소통하는 과정을 엄마들이 서로 나누며 우리 유치원에서 변화되어 성장해 가는 아이들처럼 엄마도 함께 성장해 간다.

모임을 이끌면서 교육 전문가로 40여 년이 된 지금에도 젊은 엄마들의 양육 방식이 어쩜 저렇게 지혜로울까? 감탄도 해 본다. 또 안타까운 마음으로 위로도 해주며 자녀를 낳고 나름대로 열심히 고군분투하며 살아가는 삶의 모습에 칭찬하며 박수를 보낸다.

자녀를 먼저 키운 선배로서 속상하고 후회되었던 일들과 기쁨을 나누었던 일들을 들어주며 나눔을 통해 함께 지혜를 모아 간다. 나도 젊은 엄마들에게서 용기와 삶의 지혜를 얻는다.

　19회 차까지 모임을 이끌어 오면서 부모모임이 힘이 들고 지칠 때가 있지만 이런 기억이 다시 시작할 수 있는 에너지가 된다. 얼마 전에는 졸업생 어머님들께서 졸업생 엄마를 위한 그림책 모임을 해달라고 부탁하여 졸업생 엄마들을 위한 그림책 모임을 하루 일정으로 열었는데 모임에 참석한 어머님들의 이야기가 큰 위로와 격려가 되었다.

　졸업생이 된 A 어머님은 자녀에게 〈지각 대장 존〉 그림책을 들려주었더니 아이가 학교에 가기 싫어서 그런지 "엄마, 난 학교 갈 때 왜 아무 일도 일어나지 않지?" 하며 물어본단다. 졸업 후에도 유치원 그림책 모임에서 나누었던 책 중 〈가만히 들어 주었어〉을 들려주었더니 아이가 "엄마는 여러 동물 중에 다 해당하지만, 토끼 같은 모습도 있어." 라고 했다고 전하면서, "맞아요. 제가 아이한테. 소리 지르고 윽박지르고 말해보라!"라고 재촉한 것을 반성하며 울먹이기도 했다. 그래도 다행히 "가만히 들어준 토끼 엄마의 모습도 있다."라고 말해 주니 그나마 얼마나 위로가 되었는지 모르겠다고 했다.

　졸업생이 된 B 어머님은 아이가 원장님이 들려주던 그림책을 더 듣고 싶다고 유치원 다시 가면 안 되냐고도 했다면서 개별로 들려준 원장님께 감사하다고 했다. 또 모든 가족이 함께 모여 한 가지 책을 듣고 토론의

장이 펼쳐지면서 가정에 웃음꽃이 피고 아이들이 마음의 문을 열어 속 이야기를 털어놓다 보니 가정에 미흡하지만 조금씩 변화가 일어난다고 했다.

이런 고백들이 그동안 노력의 대가를 받는 것 같아 감격스러웠고 마음의 큰 선물로 주심에 감사했다.

누구도 빼앗을 수 없는 두뇌 부자

'세 살 버릇 여든 간다. 될성부른 나무 떡잎부터 알아본다.'라는 우리나라 속담이 있다. 세 살 적 습관이 평생을 좌우한다는 뜻이 담겨있어 뇌 과학적 근거가 없던 시절에도 선조들의 지혜는 대단했음을 알게 한다.

미국과 영국의 연구진이 36년간(세 살부터 서른여덟 살까지) 1,037명을 추적 조사하여 과학적 근거를 마련한 기사도 있다. 3세 때 '뇌'를 보면 '인생'이 보인다. 〈2016년도 조선일보 기사〉

우리나라 유치원 교육과정은 만 3세부터 만 5세까지다. 이 시기로 보면 유치원에 오는 원아들의 뇌 건강 상태가 평생으로 이어진다는 것인데 교육자 입장에서 두렵고 떨리지 않을 수 없다. 그래서 유아교육은 참으로 위대한 교육이라고 말 할 수 있다. 이 시기의 유아들을 만나는 교육자로서 할 수 있는 일은 아이들에게 긍정적인 경험과 좋은 자원들이 뇌에 들어가 좋은 기억으로 저장되어지도록 도와주는 것이다.

어떻게 뇌의 좋은 길을 만들 수 있을까? 양질의 다양한 기억을 어떻게 경험하게 할 수 있을까? 좋은 그림책으로 아이들에게 양질의 자원을 넣어 줄 수 있다.

예로서 〈내가 만난 꿈의 지도〉라는 그림책은 전쟁을 겪으면서 일어난 이야기이다. 아이는 배가 고픈데 먹을 것을 사 오지 않고 지도를 사온 아빠를 원망했지만, 아빠가 사온 지도로 배고픔도 잊은 채 놀이에 빠진다. 세계를 여행하며 상상의 나래를 펼치기도 하면서 아빠가 옳았음을 고백한다. 아마도 아빠가 자녀에게 남겨 주고 싶었던 것은 배고픈 현실을 뛰어넘어 이르게 될 미래에 대한 꿈이었을 것이다. 전쟁이 끝난 후 아픈 과거를 이겨낸 아이는 어른이 되어 아빠와의 추억을 그림책에 담아 우리에게 메시지를 전해 주고 있다.

요즘 길거리나 식당, 공공장소에서 보면 유모차에 앉아 스마트폰을 보고 있는 아이들이 많다. 아이의 두뇌에 끼치는 영향력을 생각하지 못하고 방치하는 모습이다. 미래 우리 사회가 걱정된다. 아이가 일찍 스마트폰이나 게임 등에 노출되면 더 큰 자극에만 반응한다.

"팝콘이 터지듯 크고 강렬한 자극에만 뇌가 반응하는 현상을 팝콘 브레인이라 한다."

〈kists의 과학 향기 칼럼〉

팝콘 브레인이 되지 않으려면 지금 당장 스마트폰을 부모와 아이 손에서 내려놓고 세상을 알아 갈 수 있도록 그림책을 들려주며 눈을 맞추고 아이와 유의미한 대화를 하자. 그리고 자연으로 나가 마음껏 뛰어놀게 하자.

"인간의 뇌는 기억을 바탕으로 세상을 인식하고 회상하여 현재를 생성하므로 양질의 다양한 기억이 중요하다. 인간은 자신이 알고 있는 지식을 바탕으로 새로운 사실을 학습하기 때문에 사전 기억이 없으면 새로운 지식을 얻기가 무척 힘들어진다. 창의성의 본질도 기억에 있다."

〈박문호 박사의 뇌 과학 공부에서〉

엄마가 들려주는 좋은 그림책의 스토리와 이미지가 아이의 뇌에 장기 기억으로 남아 뇌가 풍성한 자원의 소유자로 성장하길 바란다. 미래를 예측하기 힘든 시대를 살 우리 아이들이 세상의 풍파 속에서도 희망을 갖고 꿈을 꿀 수 있는 두뇌 부자로 살아가길 바란다. 뇌에 새겨진 좋은 기억은 그 누구도 빼앗아 갈 수 없는 아이의 미래의 재산이기 때문이다.

권 숙 미

미주유치원 원장

행복한 인플루언서

choco9302@naver.com

유아교육 경력 25년

인천대학교 교육대학원 교육학석사

성산효대학원대학교 효교육 전공 박사과정

JERI 평생교육원 겸임교수

인천효행장려센터 효인성 전문강사

전국 영·유아 교육기관 원장·교사 연수

『사자소학 코칭』 공동 집필

"꿈을 찾아 나아가다 보면 세찬 바람과 거친 폭풍우도 만나겠지.
하지만 바람은 너를 강하게 해주고, 폭풍우는 너에게 생명을 가르쳐 줄 거야.
따뜻한 해님에게선 감사를 배우고, 맛있는 물고기에게선 기쁨을 배우렴.
그리고 넘어지면 일어나는 법도 배울 수 있을 거야."

와다 히로미의 『작고 하얀 펭귄』 중에서

아이를
빛나게 하는
행복의 스위치

내 아이의 자존감, 부모에게 달려 있다
자존감의 스위치

자존감 높은 아이로 키우기

자존감은 '자아존중감'이다. 있는 그대로의 나를 가치 있게 여기고 사랑하는 힘이다.

이 세상에 하나뿐인 유일한 존재인 내 아이는 특별함을 가지고 태어난다. 그 특별함을 스스로 찾도록 부모가 아이를 믿어주고 존중해 줄 때 비로소 자신을 믿을 수 있게 되고 스스로의 선택에 누구보다 확신하게 된다.

*"자녀 교육의 핵심은 지식을 넓히는 것이 아니라
자존감을 높이는 데 있다."*

- 레프 톨스토이 -

아이를 임신했을 때 온 세상이 다 내 아이를 위해 존재하는 것만 같이 행복했다. 사랑스러운 아가를 위해 늘 긍정의 언어로 축복해 주었고, 축복 송을 불러주었으며 좋은 것만 먹고 좋은 생각만 하려고 했다. 좋은 음악을 듣고, 좋은 책을 읽으며 10개월을 내 아이를 위해 온몸과 마음을 다하여 아이와의 만남을 기다렸다.

내 아이가 세상에 태어난 날, 온 세상이 아이를 축복해 주었던 그날은 형용할 수 없는 신비한 기쁨으로 충만했었다. 세상에서 무엇과도 바꿀 수 없는 내 아이의 존재는 경이로움 그 자체였다. 그렇게 나에게 특별한 선물로 와준 내 아이를 위해서라면 하늘의 별도 따줄 것 같았다.

내 아이가 이 세상을 비추는 빛으로, 소금으로 살아가기를, 그리고 행복하기를 바라며 아이를 위해 지금도 기도하고 있다.

내 아이뿐만 아니라 모든 아이는 너무 소중하고 특별한 존재로 태어난다. 모두 다른 아이들이 가진 재능과 가능성을 꽃 피우도록 아이를 있는 그대로 존중하고 사랑하는 것은 자연의 순리이며 우리 어른의 몫이다.

있는 그대로의 자신을 사랑하고 존중하는 자존감이 높은 아이로 키우기 위해서는 특별한 사랑을 받고 있음을 느끼도록 해야 한다.

함께 놀아주고 아이의 이야기에 경청해주고 공감해 주고, 눈을 맞추며 관심과 사랑을 보여 줄 때 자존감 높은 아이가 된다.

때로는 지나친 간섭이나 잔소리 등으로 긍정의 언어가 절대적으로 필요한 시기의 아이에게 부모의 거침없는 부정의 언어로 아이의 자존감에 비수를 꽂으며 자존감이 낮은 아이가 되게 하는 부모들도 적지 않다.

날마다 성장하는 완전하지 않은 내 아이가 실수했을 때 그때가 부모의 위로가 가장 필요한 순간이다. 실수했을 때 "실수해도 괜찮아." "매우 속상하지?"라고 격려하고 위로해 주며 아이의 마음에 공감해 주고 지지해 주지는 못하고 "넌 도대체 왜 그러니?" "엄마가 이럴 줄 알았어!" "이것도 못 하니?" 하며 부정적인 말로 아이에게 상처를 주는 부모들이 있다.

부모의 작은 말 한마디가 커다란 비수가 되어 아이의 심장에 꽂힐 수 있다는 사실을 잊어서는 안 된다. 부정의 언어는 자제하고 긍정의 언어로 아이의 자존감을 키워 주는 부모가 되기를 희망한다.

'바람과 해님'의 우화다.

바람과 해는 나그네의 옷 벗기기 시합을 했다. 자신만만한 바람은 강하고 센 바람을 일으켜 나그네의 옷을 단숨에 날려 버리려 했지만, 강하고 거센 바람에 나그네는 옷을 더 움켜잡았다. 마치 바람은 부정의 언어로 아이들에게 강요하는 부모와 같고 나그네는 부모에게 반발하는 아이 같다.

반면 해는 나그네를 따뜻하게 비추자 움츠렸던 나그네의 모자와 겉옷을 벗겼다. 마치, 해는 긍정의 언어로 부드럽게 부탁하는 부모와 같고 나그네는 부모의 뜻에 순응하는 아이와 같다.

　과연 자신이 아이의 옷을 벗기기 위해 바람 같은 부모였는지, 아니면 해 같은 부모였는지 되돌아볼 필요가 있다.

- 『아이의 자존감을 높이는 7단계 대화법』 중에서 -

　두 자녀를 키우면서 내 아이가 잘되기를 바라는 마음에 오히려 비난 섞인 말로 아이의 자존감에 상처를 준 '바람'이었던 그때를 생각하면 지금도 두 아이에게 미안한 마음에 가슴이 아프다.

　이 책을 읽는 부모님들은 좀 더 따뜻한 말로 아이를 공감하고 격려하여 내 아이가 이 세상을 살아가는데 튼튼한 뿌리가 될 수 있는 자존감을 키워 주는 '해'와 같은 부모가 되기를 간절히 바란다.

　부모가 아이를 어떻게 평가하느냐에 따라 아이의 자존감이 달라진다. 누구보다도 나를 사랑하는 부모가 나를 못마땅하게 생각하고 부족하게 여긴다고 느끼게 되면 아이는 위축되고 자신감을 잃게 된다. 자신감을 잃은 아이들은 자존감이 낮아져 아무리 많은 재능을 가지고 있어도 자신의 재능을 펼치지도 못하고 열등감 속에 빠져 자신을 부끄럽게 생각하게 된다.

　자존감은 살아가면서 부딪히게 되는 고난과 실패, 위기에 닥쳤을 때 포기하지 않고 꿋꿋하게 일어날 수 있게 하는 힘이며 다른 사람이 어떻게 생각하든 자기가 옳다고 믿는 것을 향해 최선을 다하게 하는 힘이다.

성공한 사람들이 고난과 위기 속에서도 절대 포기하지 않고 성공할 수 있었던 것은 바로 자신을 믿고 사랑하는 힘인 자존감이 높았기 때문이다.

내 아이를 믿고 인정하는 것이 바로 내 아이 행복의 열쇠다.

지금부터 옆집 아이와 비교하지 말고 내 아이의 특별함을 존중해주자! 아이의 관심사와 내 아이가 좋아하는 것, 잘하는 것을 발견하여 격려하고 공감하고 힘껏 안아주자. 그러면 아이는 자신의 존재가치를 알기에 반짝반짝 빛이 나는 더 행복한 아이가 될 것이다.

자존감의 씨앗, '칭찬'

"칭찬은 가장 위대한 교육자요,
최고의 교육 방법이다."

- 김기현 -

켄 블랜차드는 칭찬은 고래도 춤추게 한다고 했다. 왜일까? 칭찬은 나를 변화시키는 마법의 힘을 발휘하기 때문이다. 칭찬받으며 자란 아이는 자신에 대한 긍정적인 마음으로 자신감과 행복감을 가진 자존감이 높은 아이로 성장한다.

초등학교 5학년 글짓기 시간에 내가 쓴 글을 보시고는 반 아이들에게 읽어주시며 잘 썼다고 칭찬해 주셨다. 수줍고 내성적이던 나에게 칭찬은 큰 활력소가 되었고, 선생님은 나의 우상이 되었다. 중학교 3학년 때는 내가 좋아하는 과학 선생님께 칭찬을 듣고 싶어서 숙제도 열심히 하고 공부도 열심히 해서 우리 반에서 과학 점수가 제일 좋게 나왔다. 고등학교 때는 원곡에 가사만 개사하는 '반가 만들기' 콘테스트에서 선생님께 칭찬받고 우리 반 1등으로 뽑혀 내가 쓴 곡이 반가가 되었다. 그때는 잠시 '작사가가 될까?'라는 생각도 했었다.

미래의 글로벌 리더를 교육하는 인천의 명문 미주유치원에서 인기가 제일 많은 사람은 바로 '나'다. 우리 유치원에 와 보면 알게 된다. 내가 가는 곳마다 "원장님, 원장님!" "원장님 사랑해요." 하며 나에게 달려와서 꼭 안기는 아이들이 나에게는 최고의 칭찬 선물이다. 또한 아낌없는 격려와 칭찬으로 지지해 주시는 최성모 이사장님이 계셨기 때문에 교육자로서 사명감을 가지고 교육할 수 있었다.

칭찬받으면 누구나 하고자 하는 의욕이 생긴다는 키케로의 말처럼 칭찬은 나의 잠재력을 일깨워주는 원동력이었다.

내 아이의 잠재력을 일깨워주고 싶다면 칭찬하는 부모가 되도록 노력해야 한다. 부모가 아이에게 할 수 있는 최고의 긍정적인 언어는 '칭찬'이다. 칭찬받을 때 아이는 부모의 사랑을 받고 있음을 다시 한번 확인하게 된다. 동시에 무슨 일이든 하고 싶어 하는 의욕이 왕성해진다. 우리가 칭찬해야 하는 이유는 당연하지 않겠는가?

남아프리카 바벰바(Babemba) 족의 칭찬형벌

남아프리카 잠비아 북부의 고산지대 화전민 부족인 바벰바(Babemba)족 사회는 범죄 행위가 극히 드물다. 어쩌다 죄짓는 사람이 생기면 그들은 정말 기발하고 멋진 방법으로 그 죄를 다스린다. 부족 중 한 사람이 잘못을 저지르면 그를 마을 한복판 광장에 데려다 세운다. 마을 사람들은 모두 일을 중단하고 남녀노소 할 것 없이 광장에 모여들어 죄인을 중심으로 큰 원을 이루어 둘러선다. 그리고 한 사람씩 돌아가며 모두가 들을 수 있는 큰 소리로 한마디씩 외친다.

그 외치는 말의 내용은 죄를 지어 가운데 선 사람이 과거에 했던 잘한 일들이다. 그의 장점, 선행, 미담들이 하나하나 열거된다. 어린아이까지 빠짐없이 말한다. 과장이나 농담은 일체 금지된다. 심각하고 진지하게 모두 그를 칭찬하는 말을 해야 한다. 판사도 검사도 없고 변호사만 수백 명 모인 법정과 같은 것이다. 죄지은 사람을 비난하거나 욕하거나 책망하는 말은 결코 한마디도 해서는 안 되고 꼭 잘한 것만 말하게 되어있다.

몇 시간이고 며칠에 걸쳐서 칭찬의 말을 바닥이 나도록 다하고 나면 그때부터 축제가 벌어진다. 잘못을 저질렀던 사람이 이 기발한 칭찬 의식을 통해 새사람이 되었다고 인정하고 축하하는 잔치를 벌이는 것이다. 실제로 이 놀라운 칭찬 샤워, 칭찬 의식은 죄짓고 위축되었던 사람의 자존감을 회복시켜 준다. 진짜 새사람이 되어 모든 이웃의 사랑에 보답하는 생활을 하겠다는 눈물겨운 결심을 하게 만든다. 범죄 행위에 대한 기발한 처리 방식 덕분에 범죄 행위가 거의 없어서 이런 행사를 하는 일은 극히 드물다고 한다.

- 『당신도 칭찬박사 될 수 있다』 중에서 -

"한 아이를 키우는 데는 온 마을이 나서야 한다."라는 아프리카 속담이 생각나는 글이다. 온 마을이 나서서 잘못했음을 정죄하며 벌하기는커녕 오히려 칭찬을 통해 자존감을 회복시키고 새사람이 되었음을 선포하는 의식으로 한 사람의 인생을 바꿔 주는 바벰바(Babemba)족이 바로 우리 가정이 되어야 하고 우리 학교가 되어야 하고 우리 마을이 되어야 하지 않을까?

칭찬받은 적이 있는가? 칭찬받으면 더 잘하고 싶어 무슨 일이든 의욕적으로 태도가 바뀐다. 그러면 우리 아이들에게 어떻게 해야 할까? 미래의 주인공인 우리 아이들을 위해 마음껏 '칭찬 샤워'를 해주자.

오늘부터 엄마인 내가 변하자. 나 스스로 칭찬하자. '오늘도 반짝 반짝 빛나는 나는 멋져, 눈부신 오늘의 주인공은 나야, 오늘도 나를 응원해.' 나를 변화시키는 마법의 힘을 발휘하는 자기 칭찬을 하자.

자기 칭찬으로 무장된 나에게는 긍정의 에너지가 나온다. 긍정의 에너지로 매일매일 내 아이에게 모든 긍정을 담아 칭찬을 듬뿍 하자. 하루를 시작하는 아침 첫 만남부터 시작하자. 잠자리에서 일어난 아이를 꼭 안아주고 칭찬 샤워를 먼저 해주자.

잠자리에 들기 전에 하루를 잘 보낸 우리 아이에게 마음껏 하루의 고단함을 말끔히 씻어 낼 수 있도록 칭찬 샤워를 해주자.

자존감의 씨앗은 칭찬에서부터 시작된다는 것을 반드시 기억하자.

감사하면 행복해요
감사의 스위치

마법의 힘이 되는 감사

*"나는 감사할 줄 모르면서 행복한 사람은
한 번도 만나 보지 못했다."*

- 지그 지글러 -

　행복해서 감사한 것이 아니라 감사하면 행복해진다. 마음이 행복하면 내 몸도 긍정적으로 반응하여 호흡이 일정하게 유지되고 심장 박동수는 안정되며 복잡한 생각이 사라진다고 하니 감사해야 하는 것은 당연하다.

감사를 통해 행복한 사람이 되어 주변 사람들에게 행복감이 전이되게 하자. 행복한 내 얼굴에 띤 환한 미소가 상대방과 내 아이에게 전이되어 그들의 몸과 마음에도 행복의 웃음꽃이 피게 한다면 이 또한 감사한 일 아닌가!

내 아이를 21세기 리더로 키우고 싶다면 감사하는 아이로 루틴을 만들어 주어라. 감사로 준비된 아이는 어떤 변화가 온다 해도 두려워하지 않고 씩씩하게 앞으로 나아갈 수 있다.

우리 유치원에서는 주 1회 감사의 날을 정해서 감사가 습관이 되게 해주는 감사 일기를 작성했었다. 감사 일기는 자녀, 엄마, 아빠가 감사한 내용을 기록하여 유치원에 가져와 발표도 하고 감사 전시회도 열었었다.

소소한 작은 감사가 행복의 문을 여는 마법의 힘이 되는 것이 감사다. 감사를 배운 아이는 어려운 상황이나 작은 것에도 감사할 수 있다는 걸 알게 된다. 시련이 왔을 때 좌절하지 않는다. 감사가 몸의 습관이 됐기 때문이다.

우리 유치원에서는 교직원이 전화를 받을 때 "감사합니다. 미주유치원입니다."라고 인사를 한다. 전화로 상대방과 소통하고 나서는 "감사합니다."라고 인사를 하며 수화기를 내려놓는다. 감사의 파동이 전화선을 타고 상대에게 전달이 되어 자연스럽게 소통이 잘 이루어진다. 바로 감사의 힘이 작동한 결과다.

"감사하면 'DHEA'라는 안정 호르몬이 분비된다. 안정 호르몬은 우리에게 편안함, 즐거움, 고마움을 느끼게 한다. '코티졸'이라는 스트레스 호르몬과 정반대의 역할을 하는데, 이 호르몬이 3분 동안 분비되면 두 시간 정도는 우리 몸이 편안해지고, 15분 정도 분비되면 8~10시간 동안 안정된 상태로 몸을 지탱할 수 있다. 감사하기를 꾸준히 하면 힘든 상황이라도 스트레스를 덜 받고 더 쉽게 극복할 수 있게 된다. 당연히 아이를 키우는 상황에서 발생하는 문제를 유연하게 대처하는 능력도 향상된다."

-『마더쇼크』 중에서-

세상에 당연한 것은 없다. 아이가 태어난 것, 우리 가족이 같이 저녁 식사를 하는 것, 같이 목욕하는 것 등 평범한 것에 부모가 감사하기 시작하면 아이도 감사하게 된다. 내 아이의 감사가 루틴이 된다면 성공한 부모다.

매일 저녁 우리 가족은 함께 감사하는 시간을 갖는다. 잠자리에 들기 전 식탁에 앉아 오늘 하루 감사했던 5가지를 감사 노트에 기록하고 서로 돌아가면서 감사했던 일을 나눈다.

감사한 것을 나누면서 큰아이는 동생이 오늘 힘들었을 텐데 잘 이겨낸 것에 기특해하고, 작은 아이는 오빠가 힘들었지만 잘 참고 감사하는 모습이 자랑스럽다고 하며 서로에게 감사한다.

"울리지 않는 종은 종이 아니고, 표현하지 않는 감사는 감사가 아니다."라는 말처럼 우리 가족은 감사를 표현하면서 서로를 더 이해하고 배려하게 되었다.

나의 감사 노트는 책상에서 다소곳하게 앉아 매일 나를 기다린다. 일과를 마무리하고 집으로 가면 나를 반갑게 맞이하는 친구가 '감사 노트'이다. 감사 노트를 보기만 해도 행복하다. 감사하면 행복이 퐁퐁 샘솟는다. 행복은 또 다른 감사를 불러오고 그 감사는 다시 행복을 불러오는 선순환을 한다. 감사를 통해 내 아이가 행복하게 해주자.

우리 유치원 아이들은 일과가 시작되기 전에 3분~5분 감사 명상을 한다. "부모님이 계셔서 감사합니다." "유치원에 와서 감사합니다." "친구들이 있어서 감사합니다." "우리 선생님이 계셔서 감사합니다." "차를 태워 주신 기사님이 계셔서 감사합니다." "그림책을 읽어주시는 이사장님, 원장님이 계셔서 감사합니다." "그림책이 있어서 감사합니다."

이렇게 눈을 감고 잠깐 감사 명상을 하고 나면 아이들의 눈이 더욱더 빛이 난다. 얼마나 놀라운 일인가! 두뇌가 가장 활발하게 움직이는 시간인 오전 10시에 감사로 무장을 하고 하루를 시작하는 우리 아이들은 21세기의 주인공으로 이미 준비된 리더이다.

인생을 바꾼 감사 습관

많은 사람에게 선한 영향력을 미치는 성공한 사람들은 대부분 감사가 습관이 되어 매일 감사 일기를 쓴다. 그들은 하루를 마무리하며 그날의 감사한 일을 떠올린다. 아주 사소한 일이라도 감사했던 일들을 기록하며 삶에 대한 긍정적이고 밝은 에너지를 주변 사람들에게 전파한다. 『타임』 선정 '20세기의 위대한 인물', 『포브스』 선정 '세계에서 가장 영향력 있는 인물'에 오른 오프라 윈프리는 1954년 사생아로 태어나 외할머니의 집에서 불우한 어린 시절을 보냈다. 아홉 살 때 사촌 오빠에게 성폭행을 당했고, 열네 살 때 임신하고 미혼모가 되었으나 출산 2주 만에 아이를 잃게 되었다. 아이를 잃은 충격으로 가출과 마약을 복용하며 지옥 같은 하루하루를 살았으며, 살려는 의욕이 전혀 없었고 몸무게는 107kg이었다.

그런 오프라 윈프리는 미국인이 가장 존경하는 여성이 되었다. 전 세계 1억 4천만 시청자에게 진한 감동으로 울림을 주는 토크쇼의 여왕, 영화배우, 자산 6억 달러의 부자로 성공하였다. 바닥까지 내려가 비참하게 살던 그녀를 성공하게 한 비결은 하루도 거르지 않고 날마다 감사 일기를 쓰면서 인생 대 역전을 한 것이다.

감사 일기는 거창한 것을 쓰는 것이 아니라 오늘 하루 일어난 일 중에 감사한 것 5가지를 찾아 기록한다. 감사의 내용은 지극히 일상적인 것으로 대단하거나 화려하지 않다. 오프라 윈프리가 썼던 감사 일기의 한 부분을 소개한다.

* 오늘도 거뜬하게 잠자리에서 일어날 수 있어서 감사합니다.
* 유난히 눈부시고 파란 하늘을 보게 하여 주셔서 감사합니다.
* 점심때 맛있는 스파게티를 먹게 해주셔서 감사합니다.
* 얄미운 짓을 한 동료에게 화내지 않았던 저의 참을성에 감사합니다.

오프라 윈프리는 매일매일 다섯 가지의 감사를 통해 정말 소중한 것이 무엇인지, 삶의 방향을 어디에 두어야 하는지를 알게 되었다고 한다. 감사의 습관이 인생의 방향을 깨닫게 해주어 오늘의 오프라 윈프리가 된 것이다.

외국에서는 감사의 힘에 대해 일찍부터 연구되어 많이 알려져 있다. 특히 유명 인사는 개인 코치가 있어 감사하는 법을 가르치고 지도하는 경우도 많다.

감사는 우리의 일상을 바꾸는 가장 빠르고 쉬우며 가장 좋은 방법이다. 감사는 하면 할수록 감사해야 할 일이 더 많이 생겨난다.

지금 우리에게 닥친 힘든 일은 지나갈 것이다. 어떻게든 헤쳐나갈 것이고 힘든 순간은 과거가 되어 추억이 될 것이다. 그러니 지금 '감사합니다'라고 말하자.

감사는 몸과 마음을 편안하게 해주고 좋은 컨디션으로 최적의 상태로 유지 시켜준다. 감사하는 방법도 다양하게 많이 있지만 가장 효과가 좋은 것은 매일 밤 잠자리에 들기 전에 그날 있었던 일들을 돌이켜보면서 감사한 일을 생각하여 다섯 가지 이상 적는 것이다.

막연한 감사가 아니라, 오늘 있었던 일 중에서 구체적인 감사의 내용을 적는다. 글로 쓰다 보면 감사가 술술 풀리는 실타래처럼 줄줄이 나온다. 감사로 하루가 귀한 선물이었음을 감사하게 된다.

우리 유치원 교직원들은 일주일에 한 번 모여 감사 나눔을 한다. 서로 감사를 나누며 감사했던 일로 인해 감사의 눈물도 흘리고 감사가 서로에게 전이되어 긍정의 에너지가 충만해지는 경험을 한다.

"건강하게 유치원에 와서 감사합니다." "아픔을 위로해 주는 동료가 있어서 감사합니다." "아이들처럼 하하 호호 웃으며 일하니 감사합니다." "다이어트 중인데 2kg이 빠져서 감사합니다."

감사를 나누는 시간을 갖자고 하고 교직원들끼리 감사를 나누기 시작했을 때 처음엔 어색하던 감사가 지금은 자연스럽게 진행이 된다. 소극적인 감사가 적극적인 감사로 변화되었다.

오프라 윈프리뿐만 아니라 지속적인 감사는 우리 모두의 삶이 풍요로워지는 촉매가 된다.

수도꼭지를 틀면 수돗물이 콸콸 쏟아지듯이 감사하면 축복이 쏟아진다. 감사하는 훈련을 통해 감사의 축복이 콸콸 쏟아져 여러분과 우리 아이의 인생이 행복하게 빛나기를 소망한다.

감사 훈련이 작심삼일이 될 수도 있다. 그러나 절대 포기하지 말고 다시 도전하라! 포기하지 않으면 기적의 주인공이 바로 여러분이 될 수 있고, 내 아이가 될 수 있다. 감사의 삶으로 행복한 우리 가정이 되게 하자. 감사의 삶으로 새 역사를 창조하자.

엄마의 말이 아이를 만든다
긍정의 스위치

아이를 움직이는 말의 힘

'에디슨, 아인슈타인, 마크 주커버그, 스티븐 스필버그, 래리 페이지, 빌 게이츠, 스티브 잡스' 이들의 공통점은 무엇일까? 이들은 모두 유대인이다.

유대인은 임신하면 하나님께서 잠시 맡긴 귀한 선물이라고 여기며 온 마음과 힘을 다해 자녀를 교육한다.

유대인들은 내 아이에 대한 확실한 목표를 가지고 있다. 이는 부모가 아기를 목욕시킬 때도 드러난다. 유대인 엄마들은 다음과 같은 기도문을 외우며 아기를 목욕시킨다.

얼굴을 씻어주면서

"하나님, 우리 아이의 얼굴은 하늘을 바라보며 하늘의 소망을 갖고 자라게 하소서."

입 안을 씻어주면서

"이 아이의 입에서 나오는 모든 말은 복음의 말이 되게 하소서."

머리를 감기면서

"하나님, 우리 아기의 머릿속에는 지혜와 지식이 가득 차게 하옵소서."

손을 닦아주면서

"이 아이의 손은 기도하는 손이요, 사람을 칭찬하는 손이 되게 하소서."

가슴을 씻어주면서

"하나님, 우리 아기의 오장육부가 건강하고 튼튼하게 자라게 하소서."

성기를 씻어주면서

"하나님, 우리 아기가 자라나 이 거룩한 성 기관을 통해 거룩한 백성을 만들게 하옵소서. 결혼하는 날까지 순결을 지켜, 하나님이 원하시는 가정을 이루고 축복의 자녀를 준비하게 하소서."

다리를 씻겨주면서

"부지런한 다리가 되어서 온 나라와 민족에 복음을 증거할 전도자의 걸음으로 인도하소서."

엉덩이를 씻어주면서

"교만한 자리에 앉지 않게 하시고 하나님이 원하는 자리에 앉게 하옵소서."

등허리를 씻어주면서

"보이는 부모를 의지하지 않고 보이지 않는 하나님을 의지하게 하소서."

전 세계 인구의 0.2%에 불과한 유대인이 역대 노벨상을 받은 비율은 약 22%다. 엄마의 기도문을 들으며 자란 유대인 자녀가 하나님의 거룩한 백성으로서 세계를 이끄는 리더가 되는 것은 어찌 보면 당연한 결과다.

대한민국의 부모는 내 아이를 어떻게 양육하고 있을까? 명품 브랜드의 옷을 입히고, 비싼 장난감을 사주고 아이가 원하는 것은 다 들어주는 것이 마치 자녀 교육을 잘하고 있는 것으로 잘못 아는 건 아닌지…. 유대인 엄마가 아이를 목욕시키며 날마다 하는 기도문을 보니 고개가 숙여진다.

지금부터 내 아이를 위한 소망을 담아 기도문을 작성해보자. 날마다 내 아이에게 작성한 기도문을 읽어주자. 그리고 아이와 함께 기도하자. 말에는 힘이 있다. 기도한 대로 반드시 이루어진다.

제너럴 일렉트릭(GE)사의 회장인 잭 웰치는 어릴 때부터 말을 더듬는 습관이 있었다.

어느 식당에서 "tu…tuna 샌드위치 주세요."라는 웰치의 말을 'two-tuna'로 듣고

두 개의 샌드위치를 주기도 했다고 한다.

잭 웰치는 회의할 때도 말을 더듬는다는 사실에 전혀 개의치 않았다.

어릴 적 웰치가 "왜 나는 말을 더듬나요?"라고 어머니에게 물었을 때, "그건 네가 너무나 똑똑해서, 네 혀가 네 똑똑한 머리를 따라갈 수가 없기 때문이야."라는 어머니의 말은 웰치를 평생 자신감 있는 사람으로 살게 했다.

부모가 말한 그대로 아이는 만들어진다. 말의 힘이다. 엄마의 말이 씨앗이 되어 내 아이가 자신감 있고 자존감 높은 사람으로 자란다. 늘 믿어주고 격려하고 응원하자.

이현정 작가가 쓴 『세상에서 가장 힘이 센 말』 그림책은 우리 유치원 아이들이 너무 좋아하는 그림책이다. 아이에게 힘이 되는 말은 "고마워, 괜찮아, 혼자 할 수 있어요, 안녕, 행복해, 사랑해, 미안해, 넌 할 수 있어, 멋지다, 힘내, 고마워…." 그 어떤 말보다 내 아이에게 가장 힘이 되는 말은 '엄마!'

세상의 금은보화를 다 준다고 해도 바꿀 수 없는 '엄마'가 있어 너무 감사하고 행복하다.

우리 아이에게 가장 큰 힘이 되는 '엄마', 엄마에게 가장 큰 힘이 되는 '내 아이'를 위해 긍정의 언어를 사용하자.

내가 한 말이 부메랑이 되어 돌아오듯 축복의 말, 긍정의 말, 격려의 말이 내 아이를 위대한 사람으로 만드는 주춧돌이 된다.

말 한마디가 아이의 잠재력을 키운다

할 수 있다고 말하는 사람은 할 수 있는 인생을 살고, 할 수 없다고 말하는 사람은 할 수 없는 인생을 산다는 말이 있다. 곧 나의 말이 내 인생을 할 수 있는 인생, 할 수 없는 인생으로 만든다는 것이다.

말은 생명력이 있어서 말이 씨가 되어 열매를 맺는다. 긍정의 말을 하면 긍정의 열매가 열리고, 부정의 말을 하게 되면 부정적인 열매가 주렁주렁 열리게 된다.

내 아이에게 어떤 말을 하고 있는가? 곰곰이 생각해 보라. 내 아이가 긍정의 열매를 맺을 수 있는 긍정의 씨앗을 심고 있는가? 아니면 아이의 자존감을 낮추는 부정적인 씨앗을 심고 있는가?

나의 말은 아이의 잠재의식에 뿌리를 내려 아이를 움직이는 힘이 된다. 부모의 말 한마디가 내 아이의 잠재력을 키워 준다. 부모로서 사명감을 가지고 아이의 가능성을 키워 주는 말을 하여 부모의 말 그릇 안에서 자유롭게 상상하며 뛰놀게 하라.

내 아이를 잘 키우는 것은 좋은 교재도, 비싼 교구도 아닌 바로 부모의 작은 말 한마디다.

부모의 작은 말 한마디는 그 어떤 것보다 강력하여 내 아이를 행복하게 성장시킨다.

부모는 아이의 거울이라고 한다. 부모가 사용하는 말과 행동 그대로 내 아이가 답습한다. 가르치지 않아도 아이는 본 그대로 닮아간다. 내 말과 행동이 내 아이의 잠재의식에 뿌리내려서 열매가 맺히니 어떤 말도 어떤 행동도 쉽게 할 수가 없다.

나를 키우는 말

행복하다고 말하는 동안은
나도 정말 행복해서
마음에 맑은 샘이 흐르고
고맙다고 말하는 동안은
고마운 마음 새로이 솟아올라
내 마음도 더욱 순해지고
아름답다고 말하는 동안은
나도 잠시 아름다운 사람이 되어
마음 한 자락이 환해지고
좋은 말이 나를 키우는 걸
나는 말하면서
다시 알지

- 詩 이해인 -

이해인 수녀님의 시처럼 나를 키우는 말 한마디가 내 아이를 아름다운 사람으로 성장시킨다. 그러니 내 아이를 위해 행복의 말, 고마운 말, 아름다운 말, 좋은 말로 내 아이의 잠재의식에 말의 씨앗을 심자.

"사랑해." "고마워." "미안해." "네가 있어 참 좋아." "엄마의 아들로, 딸로 태어나줘서 고마워." "너는 사랑받기 위해 태어났어." "할 수 있어."

이 말을 늘 반복해서 내 아이에게 들려주자. 말하는 부모도, 듣는 아이도 힘이 불끈 솟아난다. 긍정의 에너지가 샘솟듯 퐁퐁 솟아 나와 무엇이든 더 잘할 수 있게 되고 더 행복을 느낄 것이다.

축구선수 박지성은 매일 아침 거울을 보고 "나는 성공한다!" "나는 성공한다!"라고 외쳤다고 한다. 어떤 말이든 반복해서 계속 말을 하면 잠재의식에 그대로 쌓여 말한 대로 이루어지게 된다.

매일 아침 아이에게 좋은 말을 반복해서 들려 주자!

"좋은 아침이야." "화이팅!" "사랑해!" "빛나는 너를 응원해!" "모든 일이 잘될 거야!"

내 아이의 잠재의식 속에 뿌리내리도록 반복하고 또 반복해서 말하자. 준비되었는가? 지금 바로 시작하자!

박 정 숙
꿈꾸는유치원 이사장
dk2381@hanmail.net

유아교육 35년 경력
응용미술과 졸업
유아교육과 졸업
명지대학교 영재교육학 석사

"날마다 날마다 새로운 것을 조금씩 알아가는 것은
세상에서 가장 멋진 일이야."

우리 아이의
창의성에
날개를 달다!

놀이로 꼬물꼬물

어릴 적 우리 집 앞 골목길은 모든 아이의 놀이터였다. 저마다 아이들은 제기차기, 땅따먹기, 공기놀이를 하면서 골목길이 놀이터이자 도화지이고, 크레파스인 것처럼 신나게 놀았다. 해가 떨어지고 골목길이 어둑어둑해지면 아이들은 하나, 둘씩 흩어져 집으로 돌아갔다. 그러나 아쉽게도 지금의 골목길은 수많은 자동차가 줄지어 주차되어 있는 주차장으로 변해버렸고 골목길에서 놀던 아이들의 모습은 온데간데없이 모두 사라져 버렸다.

어느 때보다도 놀이의 중요성을 강조하는 학자들이 늘어나고 있지만, 아이들은 책이 가득 들어 있는 무거운 가방을 메고 학원에 다니기 바쁘고, 친구들과 한창 뛰어놀아야 할 때 컴퓨터 앞에 앉아 게임에 열중하거나 스마트폰 영상 속으로 빠져들어 간다. 컴퓨터와 스마트폰과 가까운 아이들은 혼자 노는 것에 익숙해져 운동장에서 친구와 노는 것을 힘들어한다.

아이들이 놀고 싶어 무엇인가 생각하고 계획하며 행동으로 움직이는 순간이야말로 진정한 창의력이 발휘되는 시점이다. 그런 의미에서 놀이는 창의력과 매우 가깝다고 할 수 있다. 아이들에게 놀이의 자유를 주고 다방면에서 많은 경험을 할 수 있는 기회를 제공해주는 것이 아이들의 창의성에 날개를 달아주는 길이다.

놀면서 배우고 배우면서 노는 아이들

영유아 시기의 놀이는 단순히 '놀고 있는 것이 아니라 배우고 경험하며 세상을 체득하는 교육의 장'이라 할 수 있다. 아이들에게 놀이란 '즐거움을 수반하는 자발적 활동'이다. 즉, 놀이는 결과와 상관없이 그 자체가 목적이 되고 자기표현의 활동이라고 할 수 있다. 이러한 놀이는 아이들로 하여금 건강한 몸과 안정된 정서를 갖게 하고, 더불어 인지적으로도 많은 것을 배울 수 있게 하며 사회적으로 자신감 있고 주어진 환경에 잘 적응할 수 있는 조화된 인간으로 성장시키는 활동이라고 할 수 있다.

우리 유치원에서는 '놀면서 배우고 배우면서 노는 아이들'이라는 교육 목적을 가지고 주제와 관련된 현장학습을 간다. 현장학습을 갈 때마다 아이들이 직접 경험을 하고, 자신의 생각을 자유롭게 이야기하고 표현하는 모습을 보면 저절로 미소가 지어진다. 김포 원갤러리로 현장학습을 갔을 때 인상 깊었던 한 아이가 떠오른다. 두 손, 두 발 자유라고 하지만 아이들의 안전이 최우선이 되어야 하는 담임 선생님들은 혹여나 아이들이 다치지 않을까 염려되는 마음에 눈을 크게 뜨고 아이들을 보살피게 된다. 그런데 눈에 띄는 한 아이가 있었다. 두 눈, 두 귀를 다 닫은 채 나뭇가지 하나를 손에 쥐고 땅바닥에 무언가를 그리고 지우기를 반복하며 놀이를 하는 것이다. 담임 선생님이 "우진아, 우진아!" 목이 터져라 부르지만, 아이는 대답은커녕 선생님 쪽을 바라보지도 않았다.

그 당시 나는 대학원에서 영재학을 전공하고 있었기 때문에 우진이의 행동에 궁금증이 생겼다. 그래서 담임 선생님께 내가 우진이를 보살펴주어도 되는지 양해를 구하고 한동안 아이의 놀이를 관찰해 보았다. 나뭇가지 하나를 가지고 자신만의 놀이에 몰입하고 있는 우진이를 옆에서 바라보면서 고개를 끄덕이며 공감해 주고, 상호작용이 필요할 때는 상호작용을 해주면서 한 시간을 넘게 함께 놀았다.

"우진아, 무엇을 그리고 있어?"라고 물어보자 "이거 상어예요. 저 책에서 상어 본 적 있어요. 이빨이 엄청 뾰족하지요?"라고 이야기한다. 자신이 그린 상어 그림을 가리키며 책 속에서 봤던 상어에 대한 지식을 이야기해 주었다.

한참을 나뭇가지로 그림을 그리며 설명해 주던 우진이는 나뭇가지로 땅을 파며 "선생님! 지금 지렁이가 땅을 파고 있어요." "지금 비가 와서 지렁이가 빨리 땅을 파고 있는 거예요."라고 하며 땅을 파는 데에 열중한다. "선생님! 땅을 계속 파면 뭐가 나와요?"라고 물어본다. "우진이는 뭐가 나올 것 같아?"라고 물어보자, "두더지? 지렁이? 모르겠어요! 계속 파도 돼요?"라고 물어본다. "당연히 되지. 땅을 파고 싶은 만큼 마음껏 땅을 파봐."라고 말하였다. 이어 아이는 "땅에서 땅속 친구들을 다 만날 거예요."라며 자신만의 놀이에 흠뻑 빠져든다. 그 후로도 제법 오랜 시간 동안 흙과 나뭇가지는 우진이에게 최고의 놀잇감이 되었다.

아이들은 바깥에서 뛰어놀기를 원한다. 바깥 놀이터에서 흙, 모래, 나뭇가지와 노는 아이들의 표정에는 행복함이 가득하다. 우리 아이들은 친구들과 밖에서 뛰어놀며 세상을 배우고, 부모 또는 교사와 이야기하며 창의력을 키운다. 자연을 가까이했을 때 아이들의 호기심은 더욱 무궁무진해진다. 유치원과 가정에서의 다양한 경험을 중요하게 생각하는 이유 또한 바로 이러한 호기심 때문이다.

자연은 장난감이나 교구로 얻지 못하는 '창의성 신장'의 한계를 극복할 수 있는 대안이 될 수 있다. 흙이나 돌멩이, 물, 나뭇가지와 같은 자연의 모든 것이 장난감이 되어 아이들은 형태가 없는 것들을 형태가 있는 놀이로 재창조한다. 장난감이나 교구 없이도 자연과 어울려 놀면서 자연스럽게 놀이를 만들어 가는 것이다. 독일의 숲 유치원인 페스탈로치 프뢰벨 유치원에서는 장난감은 이미 형태가 만들어져 있어 아이들의 흥미를 끌어내기 어렵기 때문에 아이들에게 더 많은 놀잇감을 제공하는 숲에서 놀게 한다. 비가 오나 눈이 오나 숲에서의 생활은 반복된다. 아이들은 진흙탕 속에서도 놀이를 찾고, 눈 속에서도 몸을 눕혀 스노우 엔젤을 만드는 놀이에 여념이 없다.

놀면서 배우고 배우면서 노는 아이들, 아이들은 놀이를 통해 지적으로 성장한 아이, 정서적으로 안정된 아이, 사회적으로는 타인과 잘 어울릴 수 있는 아이로 성장하게 된다.

잘 노는 아이가 행복한 아이다

"엄마! 나랑 소꿉놀이해요.""아빠! 나랑 로봇놀이해요."

주말 아침, 오랜만에 늦잠을 자면서 소소하게 주말의 행복을 느끼고 싶은데 우리 아이가 이렇게 말하면 어떤 생각이 드시나요?
"응 그래, 소꿉놀이 함께 해야지.""응 그래, 로봇놀이 함께 해야지." 하며 즐거운 마음으로 다가가나요? 아니면 "휴.." 한숨부터 먼저 나오게 되나요?

즐겁고 행복한 마음이 든다면 아이와 노는 것을 좋아하는 부모일 것이고, 반대로 이불을 뒤집어쓰고 도망가고 싶고 한숨이 나온다면 어쩌면 아이와 놀아줄 줄 모르는 부모일 것이다. 지금 우리 아이의 놀이는 어떤가?

놀이에 관심이 있는 부모라면 당연히 놀이가 아이의 행복, 성장 그리고 사회성에 미치는 영향력이 크다는 것을 알고 있을 것이다. 아이도 마찬가지이다. 요즘은 잘 놀 줄 아는 아이가 많지 않다. 아이들에게 노는 시간을 주어도 창의적이고 신명 나게 놀이를 하는 것이 아니라 비싼 장난감과 컴퓨터 게임, 스마트폰에 집착한다. 그러나 비싼 장난감에 마음을 뺏긴 아이는 며칠 지나면 또다시 새로운 장난감을 사달라고 요구하거나 새로운 게임과 스마트폰 영상을 끊임없이 요구한다.

'어린 왕자'에서는 "그들은 저 속에서 잠들어 있거나 아니면 하품을 하고 있어 오직 어린아이들만이 유리창에 코를 납작대고 있을 뿐이지. 어린아이들만이 자신이 무엇을 찾고 있는지 알고 있어."라는 구절이 나온다. 우리 어른들도 어릴 적에는 버스 창가에 기대어 호기심 가득한 눈빛으로 창밖을 내다보기도 했다. 그러나 지금은 눈을 감고 졸거나 스마트폰에 눈과 온 정신을 쏟고 있는 어른들의 모습을 흔하게 볼 수 있다.

컴퓨터 앞, 스마트폰 앞에 달라붙은 우리는 호기심을 유발하는 원동력인 자연을 보는 방법을 잃어버리고 말았다. 빠르게 움직이는 화면을 보면서 자란 아이들은 바람에 흔들리는 나뭇가지를 느끼지 못하고 한 가지를 면밀하게 관찰하는 힘을 키우지 못했기 때문이다.

생활양식이 바뀌면서 아이들의 놀이 문화 또한 이전과는 현저한 차이를 보이고 있다. 아이들에게 있어서 놀이는 삶 자체인 동시에 세상을 이해하는 수단이다. 아이들은 놀이를 통해 성장하고 발달하고 살아가는 방법을 배우게 된다.

요즘 아이들은 놀 수 있는 공간과 시간, 친구를 잃어버렸다. 어렸을 적 나의 놀이터였던 골목길은 수많은 자동차가 다니는 위험한 공간이 되어 버렸고, 온통 시멘트와 아스팔트로 뒤덮여져 있어 놀이할 곳이 없다.

김훈의 '자전거 여행'이라는 책에는 "나무의 역사는 제 몸속에 기록된다."라는 말이 나온다. 나무의 역사가 제 몸속에 기억되듯 우리 아이들에게 행복하게 놀았던 놀이를 가슴속에 기록해 주어야 한다.

첫째, 자연만큼 좋은 교구는 없다.

아이들은 본능적으로 자연을 좋아한다. 꽃, 나무, 흙, 바람, 구름을 만지며 느끼게 해주어야 한다. 우리 유치원은 생태 프로젝트를 진행하고 있다. 아이들은 숲에 들어가기 전에 "똑똑똑! 들어가도 되나요?" 인사를 하고, "고마워, 미안해, 사랑해."라고 말하며 식물들을 소중하게 만진다. 풀 한 포기, 벌레 한 마리도 예사로이 여기지 않았던 파브르처럼 아이들은 숲에서 꼬마 파브르로 변신하여 온몸으로 자연을 느끼며 관찰한다.

둘째, 자연에서 오감을 자극해 주자.

만들어진 교구보다 자연에서 얻은 다양한 자연물이 아이들의 오감을 자극하고 호기심을 불러일으킬 수 있다. 자연이 주는 놀잇감은 놀이 방법이 정해져 있지 않다. 아이들이 만지는 모든 자연물이 오감과 상상력을 자극하는 최고의 놀잇감이며 아이들이 자연에서 노는 방법이 최고의 놀이이다.

셋째, 자연과 함께 할 수 있는 공간을 만들어주자.

우리 아이들에게 동네 놀이터, 숲, 자연에서 놀았던 어린 시절의 놀이야말로 아이들에게 가장 큰 선물이자 추억이 될 것이다. 자연은 아이들에게 배움의 공동체이며 놀이마당이다. 집에서도 충분히 자연환경을 만들어줄 수 있다. 작은 상자에 꽃, 씨앗 등을 키우며 자연을 관찰하고 수확해 보는 소소한 놀이는 아이들에게 관찰력과 더불어 기쁨과 즐거움을 느끼게 해줄 것이다.

넷째, 스스로 탐색하고 무언가 빠져들 수 있도록 어슬렁거릴
      시간을 만들어주자.

아이들은 자신을 둘러싼 모든 물리적인 공간에서 놀이가 가능하다. 아이들에게 놀이를 마음껏 즐길 수 있는 시간과 자유를 준다면 아이들은 주어진 시간과 공간을 활용하기 위해서 생각에 몰두하게 되고, 그 생각이 창의력의 시작이 될 수 있다.

잘 노는 아이는 행복한 아이다. 행복한 아이는 자라서도 행복한 어른이 되고, 그 기억을 밑거름으로 하여 어려움을 이겨내어 자신의 꿈을 이루는 행복한 삶을 살 것이다.

생각이 꾸물꾸물

　창의력은 미래 사회를 살아가는 데 필수적인 요소다. 창의력은 유전자나 지능과는 무관하게 후천적으로 개발할 수 있는 능력이다. 쉽게 말하면 아이들이 성장하면서 주위 사람들이 어떠한 반응과 환경을 제공해 주느냐에 따라 창의력 있는 아이 또는 창의력이 없는 아이로 성장한다는 것이다.

　과거 우리 엄마, 아빠들이 받았던 주입식 교육 방식으로 미래를 살아갈 우리 아이들을 교육한다면 우리 아이들의 미래를 예측하기가 어렵다. "AI 시대, Why형 아이가 세상을 움직인다."라는 말이 있다. 창의력이란 유용한 것이거나 최소한 쓸모 있는 잠재 능력이다. 만약 우리 아이의 미래가 염려된다면 지금부터 아이의 창의력을 길러주어야 한다.

하마터면 내 맘대로 교육할 뻔했네

유아교육에 있어 가장 중요한 것은 내 아이의 발달 수준을 아는 것이다. 이제 막 태어난 신생아에게 밥을 먹일 수 없듯이 아이들에 게는 연령에 맞는 발달 수준이 있고, 그 발달 수준에 맞는 적합한 양육과 교육을 제공하는 것이 무엇보다 중요하다. 특히, 사람의 모든 것을 관장하는 두뇌의 발달 수준을 정확히 파악하는 것이 매우 중요하다. 우리 아이의 두뇌가 연령에 맞게 발달하고 있는지, 언제 어떠한 학습 자극을 주어야 하는지, 다른 사람들 앞에서 자신의 의견과 생각을 자신감 있게 표현할 수 있는지 만약 그렇지 못하다면 두뇌의 어느 부분이 적절하게 발달하지 못하고 있는지 등에 대해 부모가 정확히 파악하고 있다면 아이를 바라보는 눈은 물론이고 우리 아이에게 적용하는 양육 및 교육의 방법도 달라져야 한다는 것을 알게 될 것이다.

우리 아이들이 앞으로 살아가야 할 미래 사회는 무엇보다도 창의성과 자기 주도성이 요구되는 시대라고 할 수 있다. 창의성이란 이미 있는 것들을 활용하여 새로운 것을 발견하거나 만들어 내는 것을 말한다. 이러한 창의성과 자기 주도성은 기존과 같은 단순한 학습으로는 습득되지 않는다. 바로 적절한 두뇌 자극과 이를 통한 훈련을 통해 가능하다. 특히 두뇌 발달이 급격하게 이루어지는 유아기에 무분별하고 일방적인 주입식 교육은 뇌를 굳게 만들고, 그 결과 아이는 건강한 두뇌발달을 이루지 못하게 된다.

독일의 생체학자 스캐몬은 "인간의 두뇌는 0세~6세 사이에 90% 이상 발달한다."라는 연구 결과를 밝혔다. 또한 유아기는 두뇌 발달의 결정적 시기로 체계적이고 반복적인 교육적 자극을 꾸준히 제공해 주는 것이 효과적이라고 했다. 따라서 창의적인 두뇌를 키우기 위해서는 두뇌가 화석화되기 이전인 만 5세에 모든 것이 이루어져야 한다.

우리 유치원에서는 두뇌 진단을 통해 아이의 현재 두뇌 발달과 행동 양상을 정확히 파악하고, 부모의 양육 태도에 대한 1:1 상담을 진행하여 부족한 두뇌 기능과 사고력 발달을 이끌 수 있는 적기 교육을 실시하고 있다. 그리고 연령에 따라 적절한 두뇌 자극을 줄 수 있는 프로그램으로 유치원의 모든 교육과정이 구성되어 있다. 즉, 좌뇌 영역에서의 추상력, 언어사고력, 수리력, 추리력, 논리 사고력을 자극시켜줄 수 있는 프로그램과 우뇌 영역에서의 협응력, 공간 사고력, 구성력, 지각 속도력 등 뇌 기능 분야에 고르게 영향을 줄 수 있도록 하는 다양한 활동으로 아이들과 일과를 보내고 있다.

학부모들이 유치원에 방문하여 자녀에 대하여 상담할 때, 가장 듣고 싶어 하는 말은 무엇일까? "관찰력이 대단해요." "또래 관계가 좋아요." "자기 생각이 뚜렷하고 자기 주도적이에요" 등 이런 이야기들도 물론 듣기 좋은 말이겠지만, 가장 듣고 싶은 말은 "또래에 비해 인지적으로 뛰어나요." "머리가 좋아요."이다. 30년 넘게 유아교육 현장에 있으면서 경험한 바로는 인지능력이 뛰어나다는 말을 해주었을 때, 학부모들은 얼굴에 환한 미소를 지으면서 어깨를 으쓱하는 모습을 볼 수 있었다.

올해 봄, 두뇌 진단 1:1 상담을 할 때의 일화를 소개하려고 한다. 진단 결과지를 받은 학부모의 얼굴이 백지장이 되었다. "내 아이의 두뇌가 왜 이런 걸까요?" "제가 아이를 잘못 키운 걸까요?" "앞으로 도대체 어떻게 키워야 할까요?" 숨도 쉬지 않고 속사포같이 질문을 한다. 나는 먼저 따뜻한 눈빛으로 불안해하는 학부모를 바라보며 안도시켜주었다. "아니요. 어머님, 잘못 키우시지 않았어요. 유아기의 두뇌는 반복적이고 적절한 교육적 자극을 꾸준히 제공해 주면 되니까 늦었다고 생각하지 말고, 지금부터 우리 아이를 알고, 체계적인 교육을 하면 됩니다."라고 말을 해주었다.

이 아이의 두뇌 유형은 전형적인 좌뇌형이었다. 엄마에게 아이를 양육하면서 어떤 부분이 가장 힘든지 물어보았다. "우리 아이는 집에서 가만히 있지 못하고, 정신없이 돌아다녀요. 놀 때도 장난감을 이것저것 가지고 놀면서 끊임없이 다른 놀이에 정신을 팔아서 걱정이 너무 돼요."라며 힘든 부분을 이야기해 주었다.

나는 두뇌 진단 결과지를 보여주며 아이의 우뇌 협응력이 낮고, 시각적 통찰력이 높게 나왔는데, 스크린에 노출이 많이 되어서 집중력이 낮다고 원인을 분석해 주었다. 그러면서 엄마가 지금 당장 가정에서 아이를 양육할 때 실천해야 할 사항들을 전달했다.

첫째, 자신의 욕구를 참을 수 있는 만족지연 능력을 길러줄 수 있는 가정환경을 만들어주세요.

둘째, 아이와의 약속을 꼭 지키고, 기준과 일관성이 있는 훈육을 해주세요.

셋째, 생활 규칙을 잘 지키는 습관을 키워주세요.

넷째, 스마트폰보다는 가족과 함께하는 즐거운 보드게임을 해주세요.

이와 동시에 우뇌 트레이닝 방법을 제시해 주었더니 하마터면 엄마 마음대로 교육할 뻔했는데 두뇌 진단 검사와 상담을 통하여 내 아이를 정확하게 알 수 있어서 감사하다는 인사를 하고 상담을 마쳤다. 부모들은 내 아이에 대한 정확한 파악 없이 내 마음대로 교육하고 있지는 않은지 되돌아보아야 한다. 혹은 내 아이의 강점과 약점이 무엇인지 제대로 파악하지 않은 채 "이 교육이 좋다더라, 저 교육이 좋다더라." 하는 '카더라' 소문을 듣고 잘못된 방향으로 교육하고 있지는 않은지 잠깐 멈추고 생각해 보아야 할 필요가 있다. 부모는 자녀가 좌뇌형인지 우뇌형인지, 우리 아이의 현재 두뇌 수준이 어떤지 정확히 분석하고, 우리 아이에게 필요한 교육이 무엇인지 파악하여 좌뇌와 우뇌가 잘 발달한 전뇌형의 아이로 성장할 수 있게 양육해야 한다. 이렇게 적절한 두뇌 자극을 받아 좌뇌와 우뇌를 골고루 사용할 수 있는 전뇌형 아이야말로 창의성 있는 행복한 아이로 자랄 수 있다.

교육, 교육, 교육…. 학부모들 사이에서 교육 열풍이 불고 있다. 창의적인 교육이 중요하다는 것을 알면서도 내 아이에게는 "블록은 이렇게 끼워야 해. 나무는 이렇게 생겼으니, 이렇게 그리는 거야." 하면서 답을 찾아주기 바쁘다. 답을 가르쳐 주는 교육은 아이의 생각을 차단하기에 창의성을 키우기 어렵다

아이는 아주 어릴 때부터 호기심과 동기를 유발할 수 있는 두뇌 자극이 필요하다. 이러한 두뇌 자극을 제공할 때, 아이는 스스로 의문을 품고 문제를 해결하는 다양한 방법을 찾아보게 된다. 이러한 과정은 우리 아이가 특별하게 자랄 수 있도록 하는 씨앗이 되어줄 것이다.

우리 아이가 남과 다른 생각을 하고 생각할 줄 아는 아이로 자랄 수 있도록 창의적인 두뇌를 만들어주어야 한다. 그래서 "멋진 생각만 있으면 뚝딱 못할 것이 없지요."라는 「드림」의 좋은 그림책에 나온 내용처럼 상상력이 꾸물꾸물 자랄 수 있도록 우리 아이에게 창의성의 날개를 달아주어야 한다.

질문이 많은 아이 VS 귀찮은 엄마

아이들은 엄마, 맘마, 아빠라는 단어를 시작으로 "이게 뭐야? 저게 뭐야?"라는 끝없는 탐색의 질문을 하게 된다. 영아기를 지나 유아기로 접어드는 여섯 살, 일곱 살이 되면서부터는 아이들은 "왜?"라는 질문을 특히 많이 하게 된다.

우리 유치원의 매주 목요일은 아주 특별한 날이다. 주제와 관련된 숲 또는 나들이 활동을 진행하기 때문에 아이들은 활동하기 편한 몸빼 바지를 입고 다른 날보다 더 즐겁게 유치원에 등원한다. 일곱 살 아이들과 함께 '민물에 사는 뻐끔이 붕어 생태 프로젝트'를 진행

하면서 자연생태박물관으로 체험학습을 다녀왔다. 자연생태박물관에서 민물고기를 관찰하며 "선생님! 붕어는 수염이 있는데 왜 잉어는 수염이 없을까요?" "선생님! 물고기는 왜 피부 모양이 다 다를까요?" "선생님! 여기에서 붕어가 먹이를 먹고 똥을 쌌을 텐데 왜 똥은 안 보일까요?" 등 끊임없이 종알종알 "왜?"라는 질문을 하는 아이들과 언어적으로 상호작용을 하는 선생님의 모습을 보게 된다.

아이들과 선생님의 모습을 보면서 어렸을 때 유독 질문이 많았던 우리 아들, 딸 생각이 났다. 우리 아이들이 질문을 할 때마다 엄마로서 "어떻게 우리 아이가 이런 질문을 다하지? 혹시 우리 아이가 영재 아니야?"라는 생각을 하며 기특하기도 하고 신기하기도 했다. 연년생인 두 아이가 서로 질문을 던지며 엄마를 온통 독차지하겠다고 다툼을 벌이는 모습에 정신이 혼미해질 때도 있었지만, 아이들의 엉뚱하고 끝없는 질문이 엄마로서 마냥 귀엽고 흐뭇했다.

어느 겨울 두 아이를 데리고 천문대에 갔었다. 당시 6살이었던 둘째 아이가 질문을 했다.

"엄마, 왜 지구는 둥글어요?"

"엄마, 아까 낮에는 달이 하얀색이었는데, 왜 밤에는 노랗게 보이는 거예요?"

나는 그날 바로 정답을 말해주지 않았다. 도리어 "왜(WHY) 지구는 둥글까?" "네 생각은 어떠니?"라고 되물어보았다. 이것이 바로 엄마의 생각을 멈추고 질문하는 우리 아이에게 다시 질문을 돌리는 질문법이다.

그 질문을 시작으로 아이와 함께 지구와 달에 대한 놀이를 확장해 보고, 놀이가 끝난 후에는 아이와 함께 도서관에서 책을 찾아보면서 달은 스스로 빛을 내지 못하고 태양빛을 반사해서 태양의 색인 노란색으로 보인다는 사실을 아이가 스스로 확인하게끔 이끌었다. 물론 지구가 둥근 이유에 대해서도 이런 방법으로 아이가 스스로 찾아갈 수 있게끔 도와주었다. 이러한 나의 질문 대화법은 두 아이가 성장해 나갈 때도 그리고 성인이 되어서도 스스로 생각하고 어떠한 문제도 해결해 나갈 수 있는 원동력이 되었다.

이처럼 아이가 궁금해하는 것을 같이 찾아보고 질문하는 과정은 매우 중요한 경험이다. 아이의 호기심에서 출발한 질문을 정답으로 마무리 짓지 않고, 놀이의 출발점으로 생각해 보는 것이 필요하다. 부모가 아이의 질문에 너무 쉽게 답을 제공해 주면 아이는 스스로 문제 해결을 해 나가려는 의지가 약해진다. 또한 아이가 무슨 일이든지 질문만 많이 하고 자신의 생각은 전혀 없다면 자칫 산만한 아이로 자랄 수 있다. 여기서 중요한 것은 아이의 궁금증은 반드시 논리적으로 풀어져야 한다는 것이다.

2020년에 방영된 다큐멘터리 '질문으로 자라는 아이' 편에서 인상 깊은 유대인 가족을 보았다. 밥상머리에서 자녀와 질문을 주고받으며 대화하는 유대인 엄마 제니퍼 그로스맨은 "아이에게 열린 질문을 하는 것이 창의성을 발달시킨다고 믿어요. 그래서 우리는 항상 아이들이 깊게 생각할 수 있도록 끊임없이 질문을 던지죠."라고 이야기했다. 그녀는 아이들의 창의성을 길러주려면 "어떻게 생각하니?" "왜 그렇다고 생각하니?" 등 열린 질문을 하라고 조언했다. 그러면서 아이들이 계속해서 생각하고, 질문을 할 수 있도록 "더 넓게 생각해 볼까?" "참 좋은 질문이었어." 같은 칭찬을 하라고 덧붙였다.

엄마들을 당혹시키는 아이들의 "왜?"라는 질문은 아이들이 질문을 통해 세상을 받아들이고 그 세상과 일상을 연결하는 법을 터득해 나가는 문지방이다. 이때 어떻게 말을 하느냐에 따라 아이의 호기심과 창의력에 엄청난 영향력을 끼친다.

이처럼 질문형 아이로 키우면 생각의 두뇌가 열린다. 창의성은 부모의 창의적인 환경 수준을 넘어설 수는 없다. 창의성 교육은 습관적으로 아이가 생각할 수 있는 환경을 만들어주는 것이다. 그 학습 방법 중 하나가 'If, What, Why, How' 학습법이다. If, What, Why, How 학습법은 질문 형식의 양육 방법을 활용하는 것이다.

아이의 질문을 더 이상 두려워하지 않고, 아이에게 정답을 말해줘야 한다는 고정관념을 내려놓고, 아이의 질문에 부모가 제대로 대처해 주기만 하면 우리 아이 창의성에 날개를 달아줄 수 있다.

'엄마 아빠! 이렇게 질문해주세요!' 〈열린 질문과 닫힌 질문〉

아이들의 상상력, 사고력, 문제해결능력을 키워주는 핵심 키는 바로 '질문'이다.

"엄마가 좋아? 아빠가 좋아?" "오늘 재미있었어?" "오늘은 누구랑 놀았어?" 같은 닫힌 질문은 아이들에게 정형화된 답을 끌어낸다.

반면, 열린 질문은 아이들이 스스로 생각하게 만든다.

"오늘 유치원에서 어떠한 일이 있었니? 어떤 활동을 했어?" "어떻게 하면 이 문제를 해결할 수 있을까?" 같은 열린 질문은 아이들의 사고력을 확장시켜준다. 부모는 아이들의 상상력, 사고력, 문제해결능력을 확장시켜줄 수 있는 열린 질문을 많이 해야 한다.

좋은 보살핌으로 토닥토닥

부모는 아이가 만나는 첫 세상이다. 아이 역시 부모가 만나는 새로운 세상이다. 아이가 태어나면서 부모 역시 다시 태어난다. 아이가 서툰 걸음마를 시작하듯, 부모 역시 한 걸음, 한 걸음 걷기 시작하고, 아이가 성장하듯, 부모도 함께 성장해 나간다.

서툰 걸음으로 한 걸음씩 걸을 때 안아주고, 사랑하는 마음으로 든든한 울타리가 되어주는 것이 좋은 보살핌이라고 할 수 있다

바닷속 고래들은 무리와 아주 중요한 소통이 필요할 때, 소리 통로를 이용한다고 한다. 우리는 평소에 아이와 어떻게 이야기 나누고 있는지 되돌아볼 필요가 있다. 그리고 우리 아이에게 자신감과 용기를 길러주는 좋은 보살핌을 제공해 주어야 한다.

이야기꾼, 좋은 그림책을 들려주는 부모

시인, 소설가, 극 작가, 자연철학자였던 괴테는 「젊은 베르테르의 슬픔」, 「파우스트」까지 60년 동안 마르지 않는 샘처럼 장시간 창조 활동을 한 작가이다. 괴테가 오랜 시간 동안 창조적인 일을 할 수 있었던 기초에는 괴테 어머니의 노력이 있었다고 한다.

괴테의 무궁무진한 상상력을 자극하고 키워준 첫 번째 공로자인 그의 어머니는 밤마다 별과 별 사이에 길을 놓아주던 이야기꾼이었다. 괴테의 어머니는 정해진 이야기를 일방적으로 들려주는 것이 아니라 아들의 질문에 적절히 반응하고, 아들과 함께 이야기를 만들어 나갔다.

반응은 이미 상상력의 참여이고 발휘이다. 이야기 들려주기가 결코 일방통행이 아니라 '아들과 자기만의 특별한 사건'이라는 것을 괴테의 어머니는 잘 알고 있었던 것 같다. 아들이 반응하고, 어머니가 반응함으로써 서로 상상력을 자극하고 자극받았다. 이 자극은 이야기 지어내는 것을 즐거움으로 느끼도록 만들었다. 그것은 상호 교감이며 길 놓기이고 연결고리이다. 이 연결의 능력이 곧 상상력이다.

교육열이 높다는 한국의 부모들은 아이들에게 많은 동화책을 사다 주는 것으로 부모로서의 할 일을 다 했다고 생각한다. 부모들은 단순히 책을 사다 주는 것에서 멈추는 것이 아니라 괴테 어머니의 "별들 사이에 길을 놓아라. 함께 하는 것처럼"이라는 구절처럼 아이들에게 이야기를 들려주는 시간을 필수적으로 만들어야 한다.

우리 유치원 7세반 이야기를 소개하려고 한다. 언어영역에서 진형이와 대철이가 열심히 책을 보고 있다. 선생님께서 이야기 나누기를 하기 위해서 아이들과의 약속인 '모두 제자리' 피아노 반주를 한다. 한 명, 두 명 매트 자리에 앉는다.

그러나 언어영역에 있는 두 친구는 미동도 하지 않고 열심히 책을 본다. 선생님께서 "진형아! 대철아! 모이기 자리에 모여야지." 하니까 "선생님! 우리는 지금 책에 푹 빠졌어요."라고 한다. 그때 마침 내가 교실에 들어갈 일이 있어 들어갔는데 두 친구는 지난 수요일 좋은 그림책 시간에 들려주었던 「책이 좋은 걸 어떡해」에 나오는 주인공 아이처럼 책에 푹 빠져 자신들만의 새로운 이야기를 꾸며가는 모습을 볼 수 있었다.

세포의 수용은 듣기이다. 어린시절 아이들에게 풍요로운 이야기를 많이 들려주어야 한다. 틈만 나면 아이들에게 좋은 그림책을 들려주어야 한다. 그것이 아이들에게 기억이 되고, 그 기억이 생각이 되고 행동이 되어서 우리 아이의 성품을 만들 수 있다. 그래야만 아이들의 생각과 상상력이 잠시도 멈추지 않고 꾸물꾸물 자라서 창의성에 날개를 달아줄 수 있을 것이다.

난 뭐든지 할 수 있다! 좋은 보살핌

나는 매주 수요일 각 반 교실에 들어가서 유치원 아이들에게 좋은 그림책을 들려준다. 그림책을 들려주기 전에 내 마음에 감동의 진동이 있을 때까지 열번이고 스무번이고 그림책을 소리내어 읽는다. 처음에는 책임감을 가지고 그림책을 들려주었다. 모든 반을 돌면서 그림책을 들려주고 나면 목도 칼칼하고 몸도 나른해지면서 축 처진다. 그런데 지금은 좋은 그림책을 들려주면서 나에게도 유익이 되는 라이프 사이클을 만들어 갈 수 있어서 아이들에게 그림책을 들려주는 시간이 삶의 원동력이자 행복감을 느끼는 시간이 되었다. 올해 5월 스승의 날 웃는 모습이 예쁜 졸업생 라온이가 유치원을 찾아왔다. 유치원에 다닐 때도 오리고 꾸미는 것을 아주 좋아하는 친구였는데, 아주 예쁘고 소중한 스승의 날 카드를 만들어 왔다. 무엇보다도 라온이가 편지에 적어 온 내용이 내 마음에 울림을 주었다.

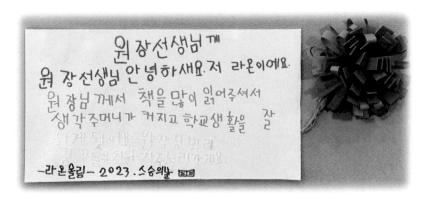

좋은 그림책을 오랜 시간 유치원 친구들에게 지속적으로 들려주었다. 좋은 그림책을 들려주다 보면 교실 속에서 아이들의 언어와 행동의 놀라운 변화를 느낀다. 참으로 신기한 일이다. 우리 유치원의 원훈은 '난 뭐든지 할 수 있다'다. 7세반 아이들과 초등학교 입학을 앞두고 자신감을 키워주기 위한 활동으로 약 2km가량 걸어야 하는 안양천 도보 행군 활동을 진행하고 있다. 매년 도보 행군을 계획하면 그날은 매서운 날씨가 한몫한다. 엄마들은 염려되는 마음을 가득 안고 유치원으로 전화한다. "날씨가 너무 추운데 도보행군 활동을 하나요?" "날씨가 너무 추운데 옷은 어떻게 입혀야 하나요?"

엄마들은 걱정되는 눈빛을 한가득 안고 유치원에 아이들을 등원시킨다. 이러한 엄마들의 마음과는 달리 우리 아이들은 마스크, 두꺼운 패딩 잠바, 목도리, 손난로를 서로서로 자랑하며 "선생님 우리 언제 출발해요?", "얼른 가고 싶어요"라고 기대감 가득한 눈빛으로 선생님을 바라본다.

커다란 기대감과 굳은 다짐을 마음에 새기고 첫째도 협동! 둘째도 협동! 서로를 챙겨주고 배려하며 일곱 살 친구들의 도보행군이 시작된다. 넓디넓은 안양천에 "우리는 1학년! 포기하지 말자! 난 뭐든지 할 수 있다!" 세상에서 가장 멋진 우리 아이들의 목소리가 울려 퍼진다. 지나가는 어르신들께서도 함께 구호를 외치고 박수를 보내주시며 아이들에게 용기를 심어주신다. 안양천을 행군하며 잠깐 숨을 고르기 위해 천 주변에서 걸음을 잠시 멈췄다. 안양천을 보니 청둥오리 세 마리가 헤엄을 치고 있었다. 그런데 세 마리 중 한 마리가 현저히 뒤처지고 있었다. 이를 본 일곱 살 아이들이 큰 소리로 "오리야! 너도 힘을 내! 포기하지 말자! 넌 뭐든지 할 수 있어!"라고 뒤처진 오리를 온 마음 다해 응원하며 기뻐하는 모습을 보았다. 오늘 도보행군을 통해 우리 아이들은 내면의 힘과 근성뿐만 아니라 타인에 대한 배려와 존중 등 소중한 가치를 품게 되었다.

"우리들은 1학년 포기하지 말자! 난 뭐든지 할 수 있다!"

우리 아이들은 수요일에 들려주었던 좋은 그림책 '뭐든지 할 수 있어'에 나오는 주인공 꼬마처럼 힘들어도 절대 포기하지 않고 끝까지 완주한다. 정말 단 한 명도 포기하는 친구가 없다. 완주한 친구들에게 완주증을 목에 걸어주고 따뜻한 꿀차를 주며 칭찬을 아끼지 않는다.

이러한 경험을 스스로 이루어 낸 아이들은 초등학교에 가서도 또는 어떠한 어려운 문제가 닥치면 '난 뭐든지 할 수 있다'라고 외치며 문제를 해결하는 모습을 볼 수 있다.

인삼은 자랄 때 곧게 자란다고 한다. 그런데 쑥은 제멋대로 아무렇게나 자란다. 이렇게 엉망으로 되어있는 것을 쑥에 빗대어 하는 말이 '쑥대밭이 됐다'라고 표현한다. 그런데 중요한 것은 인삼밭에서 자라는 쑥은 제멋대로 자라는 습성이 있음에도 불구하고 제멋대로가 아닌 인삼같이 곧게 자란다고 한다. 그만큼 환경이 중요하다는 것이다.

도보행군을 하면서 수없이 외쳤던 "난 뭐든지 할 수 있다!" "포기하지 말자!" "넌 할 수 있어!"라는 말과 행동을 통해 스스로 문제를 해결하고 마음의 근육을 키워 간 우리 아이들의 미래가 기대된다.

아이에게 가장 많은 영향력을 주는 사람이 부모라는 점을 기억하면서 엄마, 아빠는 아이들 앞에서 어떻게 해야 할 것인가를 생각해 보아야 한다. 우리가 선천적이라고 생각하는 것마저 어쩌면 엄마가 임신해서 먹었던 음식, 생각, 행동들의 영향을 받아서라고 볼 수 있다.

어떤 부모가 낳았든 그 아이가 늑대랑 살면 늑대처럼 자란다는 것이 늑대소년 이야기다.

나에게 엄마라는 또는 아빠라는 또 하나의 이름을 선물한 소중한 아이.

내 아이로 태어난 것만으로 너무나 예쁜 아이.

이 소중한 아이가 없었다면 내 삶은 어떻게 되었을까?

너무나도 예쁘고 고마운 내 아이이지 않은가?

아이들은 책과 학교에서 배우는 것보다 부모에게 더 많은 것을 배우고 있다. 우리 아이들의 창의성에 날개를 달아주기 위해 충분한 놀이와 생각 그리고 좋은 보살핌을 통해 날마다 날마다 새로운 것을 알아가는 기쁨을 아이들이 느낄 수 있게 해주자.

양 미 은

도림어린이집 원장
jjjmieun@hanmail.net

유아교육 졸업
유아교육 경력 30년
총신대학교 오르간학과 졸업
클라비어 음악교재 교육 강사
아마데우스 피아노급수 심사위원
목동 키즈엘리트수영장 대표
USA HIS University 교육학 석사과정

"자식은 자기 것인 동시에 자기 것이 아니다. 그러나 이미 분립되어
있으므로 그 역시 인류 중의 한 인간이기도 하다. 자기 것이기 때문에
한층 교육의 의무를 다하여 그들에게 자립할 수 있는 능력을 길러
주어야 하고 동시에 자기 것이 아니기에 자기로부터 해방시키고 모든
것을 그들 자신의 것답게 하여 하나의 독립된 개체로 키우지 않으면
안 된다."

〈노신〉

행복한 육아
(育我)로
행복한 육아
(育兒)를

육아 나침반

꽃길만 같을 육아

모든 자녀를 가진 엄마는 처음 엄마가 되면서 엄마라는 준비도 없이 내 자녀에 대한 큰 꿈과 기대와 함께 최고로 자랄 것이라는 확신을 가질 것이다.

그러나 육아하며 각종 시행착오와 육아의 한계가 있을 때 좌절 또한 함께 와서 행복보다 힘들다는 생각이 앞설 때가 많다.

아이들이 성인이 되어 되돌아보니 아이를 키울 때가 가장 소중하고 행복했는데 그 행복을 즐기지 못하고 힘들어했던 시간들이 아니었나 생각된다. 육아하며 어떤 방향으로 가야 할지 길을 잃을 것 같은 막연함이 찾아올 때 엄마의 육아 나침반은 내 아이가 사랑받고 있다고 느낄 수 있게 사랑이 바탕이 되어야 할 것이다.

나는 존경받는 목사님이신 할아버지 밑에서 손녀 손자 중 첫째로 태어나서 많은 기대와 사랑을 받으며 자랐다.

방학 때마다 할아버지 댁으로 가면 모든 친척 동생은 밤늦도록 떠들며 노는데 나는 할아버지 방에 아껴두셨던 과일 통조림과 롤케이크를 먹으며 들려주시는 성공예화를 듣고 새벽예배로 일찍 주무시는 할아버지와 할머니와 함께 자야만 할 정도로 할아버지의 기쁨이었다.

나는 늘 사랑받고 믿어 주시는 분이 있다는 사실로 평생 살면서 어려움과 힘든 일이 생길 때도 늘 자신감 있고 당당하게 살아왔다.

세상은 이기적으로 변해가고 사건, 사고가 그치지 않지만, 모든 부모가 사명을 가지고 가정에서 사랑으로 온화한 행복의 꽃들로 키운다면 그 향기가 세상을 따뜻하고 향기롭게 만드는 사람으로 자라날 것이다.

"사랑받는 아이는 흔들리지 않는다."

-캐시피드-

가시밭길 육아

시간이 흐르고 아이를 키우면서 어느새 점점 내 아이가 내 꿈을 이루어주고 내 자존심을 세워주는 도구로 변해가지는 않는가?

무엇을 위해 누구를 위해 돌보며 가르치며 육아하고 있나 한번은 생각해보자. 우리의 육아의 목적이 세상 사람들이 말하는 성공을 말하는 것인가? 스스로에게 질문하고 우리에게 맡겨주신 자녀들이 행복하게 자라기를 바라며 행복을 채워주는 육아를 하여야 할 것이다. 큰 기대를 갖고 아이를 키우던 나는 아이를 키우며 꿈과 기대로 가득한 육아가 잠을 안 자서 힘들고 밥을 안 먹어서 힘들고 조그마한 소리에 놀라서 경기하여 힘들었고 자주 아파서 힘들었다.

그 당시 내 소원은 여섯 시간만 한 번도 깨지 않고 잠을 자보는 것이었다. 그러다 보니 점점 지치고 우울해지고 행복하지 않았다. 아이가 실수하거나 말을 안 듣게 되면 차분하게 조용히 설명을 해줘도 되는 문제에 목소리를 높이게 되고 그 일이 또 반복되면 조바심이 나고 감정조절이 힘들어졌다.

엄마라는 단어를 천 번 들어야 엄마라는 말을 하게 되듯 행동과 습관도 단번에 바뀌는 것이 아닌데 아이가 잘하도록 도와주고, 기다려주지 못할 때가 많았다.

그렇게 그때는 내 자녀가 행복하게 자라기보다 완벽하게 자라기를 바라며 자녀의 마음에 상처를 주고 있었다.

김승민 소아정신과 의사는 힘든 아이를 치료할 때 아이 중심 치료보다 부모의 접근이 중요하다고 하였다. 부모가 얼마나 바뀌느냐 따라서 아이의 치료가 바뀐다고 한다.

가만히 있어도 산만한 친구가 지적받거나 혼나면 불안감이 상승하여 뇌가 자기 조절을 더 못하게 되고 그러면 더 큰 문제를 일으키게 된다. 이때는 잘하는 점 좋은 점을 알려줘서 불안감을 낮춰줘야 하며 잘하는 점으로 인도해야 한다.

그렇다, 자녀를 잘 키우기 위해서 엄청난 인내가 필요하다. 이것이 말처럼 쉬운 일이 아니며 힘든 것이다.

그러므로 부모님의 멘탈과 심리가 건강해야 치료가 가능하다.

일부의 엄마는 아이들이 힘들게 해서 내가 힘들다고 생각하고, 아이들은 야단만치는 엄마 때문에 불안감이 상승하여 더 큰 문제가 만들어진다고 하며 서로에게 책임을 전가하며 악순환만 계속하게 된다.

나도 나를 돌아보며 나의 문제를 발견하여 회복하려 하지 않고 아이들이 뻥튀기처럼 얼른 크기만을 바랐다.

2014년 뉴욕주의 유대인 엄마들은 대상으로 설문조사에 의하면 열 명 중 다섯 명 이상은 아이의 유아기에 회사를 그만두고 아이에게 매달린다고 한다.

엄마들은 변호사거나 의사 같은 전문직도 많은데 말이다. 그만큼 유아교육은 중요하기에 다시 한번 이 시간을 통하여 나를 돌아보고 생각해본다.

아이들이 잘못할 때마다 지적하거나 혼내지 말자. 나도 지적당하면 지금도 기분이 좋지 않은데 아이들은 오죽하겠는가?

지켜보고 시행착오를 통해서 성장하도록 기다려주자. 적어도 엄마의 잔소리와 짜증 불안과 불평에서 자유롭고 무엇을 하든 지지하고 믿어주는 엄마가 있음을 알게 될 것이다.

'사랑이라는 명분으로 아이의 마음에 얼마나 많은 상처를 남겼나? 그 상처들로 지금까지 억울해하고 트라우마가 되지는 않았나?' 생각하면 나의 아이들에게 너무나 미안하고 가슴이 아프다. 그 후회를 조금이나마 줄이고 행복하기를 바라며 지금 육아를 하는 엄마들과 나누고자 한다.

인생은 도전이다. 우리에게 맡겨진 육아는 가장 큰 사명이며 도전이다. 그 도전을 통해 최고의 선물인 자녀가 최고의 행복을 누리며 어른으로 성장하도록 도와주고 나도 행복해지자.

내 자녀는 나의 것이 아니다

아이는 나와 인격적으로 대등한 존재이다. 하나님께서 나에게 맡겨 주신 선물이자 최선을 다해 키워야 하는 사명이다. 기본적인 육아에 힘써서 사명을 행복하게 감당하자.

5분 눈 맞추어 주는 사랑

요즘 부모님들은 맞벌이 부부가 많이 있다. 퇴근하며 어린이집에서 픽업하여 저녁 준비로 또 집 안 정리로 분주하다. 우리 아이는 엄마에게 이야기보따리를 풀어놓기만을 기다렸는데, "응, 그래. 그래." 건성으로 대답하며, "잠깐만." 하며 엄마 아빠 할 일만 바쁘게 보내는 건 아닌지 생각해보자.

예전에 어린이집의 한 친구가 말을 할 때면 목에 힘줄이 설 정도로 있는 힘껏 소리를 높여 말을 하는 친구가 있었다. 학부모님께서도 상담 때 우리집 아이는 말할 때 소리를 지르며 이야기를 한다며 걱정하셨다.

결국 원인은 엄마 아빠가 너무 바빠서 저녁에 집에서도 집안일 회사일로 자녀와 이야기할 시간이 없었다. 엄마가 하는 말은 "그래, 알았어, 잠깐만."을 반복했고, 아이는 내 목소리가 작아서 안 들어주나 점점 목소리를 높이며 이야기하기 시작한 것이 원인이었다.

모든 일을 잠깐 멈추자. "와우! 정말? 최고네!" 등의 질적인 눈맞춤을 해주며 반응해주자. 표현력과 어휘력이 적은 우리 아이는 5분이면 된다. 아이는 사랑받고 있음을 느끼면 안정감을 찾고 자기의 놀잇감을 찾게 되며 자존감 있게 자라게 된다.

엄마는 수다쟁이

Chomsky에 의하면 아동은 언어습득 장치를 가지고 태어나서 이를 통해 투입된 언어자료를 처리하고 규칙을 형성하고 문법에 맞는 문장을 이해하고 산출한다고 한다. 즉 생후 2~3개월에 옹알이를 시작하여 영아의 2~4세가 되면 수천 개의 단어를 이해하고 언어가 폭발적으로 발달한다. 아이가 말을 못 한다고 엄마가 단답형으로 또 단순한 표현만 한다면 준비된 뇌를 방치시키는 것이며 제대로 문장을 이어가지 못하며 마음도 표현하지 못한다.

아이들의 언어발달에 관여하는 뇌의 언어중추는 많은 이야기를 듣고 말하고자 하면서 시냅스 형성과정을 통해서 급속도로 발달이 이뤄지며 경험에 따라 발달의 속도가 다르다.

당장 입으로 뱉어내지는 못해도 뇌는 모든 상황을 저장하여 문장을 이야기할 준비를 하고 있다.

"밥 남기지 마라. 잠자라. 가지 마라. 하지 마라." 등 일방통행의 수다는 혼자서 떠드는 TV와 같다. 아이와 소통할 만한 대화를 해야 한다. 아이가 알아들을 수 있도록 간략하게 표현하며 아이가 하려는 말을 끝까지 들어준다. 아이가 많은 단어 문장에 자연스럽게 노출되도록 구체적으로 사물과 색깔 등 정확한 명칭으로 대화해야 한다. 대화는 아이의 인지와 사고력 발달이 이루어지며 지식의 기반을 다질 수 있다.

잔소리가 아닌 아이가 생각할 수 있는 엄마의 수다는 올바른 판단력과 분석력을 기르기 위한 최고의 재료가 될 것이다.

협력하여 선을 이루다

유대인의 교육은 엄마 역할 아빠 역할이 정해져 있지 않다. 가정이라는 작은 사회를 지키기 위해서는 함께 협력한다. 큰 사회에서도 혼자서 모든 분야를 잘 알고 혼자서 일을 다 잘할 수는 없다.

전문인이어도 독불장군은 없으며 각자의 분야가 만나 장르를 넘어서 융합하여야 성공하는 단체가 된다.

아빠가 혼자 경제를 책임지고 엄마가 혼자 집안일을 하며 아이는 그저 받기만 하는 각자의 시선으로만 나간다면 결국 가정의 울타리를 벗어나게 된다.

가정의 작은 사회에서 가정 구성원 모두 각자의 기능과 역할을 살려 협력해야 한다. 아빠가 할 수 있는 것, 엄마가 할 수 있는 것, 아이가 할 수 있는 것 등 예를 들어 저녁 식사 중 아빠는 위험한 국을 옮겨주기, 음식 간 봐주기, 엄마는 음식 만들기, 자녀는 수저 놓기 등 역할을 나눌 수도 있다. 아이들과 함께 계획을 짜고 대화를 통해 생각하고 판단하도록 도와줘야 할 것이다.

가정에서 훈련받은 우리 자녀들은 사회의 어느 구성원 안에서도 책임감 있고 협력할 줄 아는 중요한 사람으로 자라게 될 것이다.

여행은 최고의 유산

경험에서의 직접 눈과 귀로 배운 지식이야말로 참된 지식이다. 가장 좋은 경험은 여행일 것이다. 사회는 아는 만큼 경험한 만큼 내가 참여할 수 있는 범위가 넓어진다. 또한 준비한 만큼 사용된다.

얼마 전 가족이 함께 식사하며 이야기를 나누었다. 결국 우리 가족이 공감할 수 있는 소재로 여행 다녔을 때의 에피소드로 이야기가 마칠 줄을 몰랐다. 여름에는 동해 가서 수영하다 파도에 떠내려갈 때 아빠가 모든 것을 던지고 구해온 이야기, 겨울에는 함께 이글루를 만들어 이글루 안에서 라면 먹던 이야기, 기념일에 외국 가서 문화를 체험한 이야기들로 웃고 떠들며 어린 시절 가족이 함께 여행에서 체험한 이야기들로 시간 가는 줄 모르고 가슴 벅찬 뿌듯함과 유대감을 서로가 느꼈다. 커서도 여행을 많이 다녔는데도 여행 이야기는 어린 시절의 여행을 소재로 나누게 된다.

여행을 통해 가족들이 같이 밥도 해 먹고 이야기도 나누면서 서로의 마음을 이해하고 자연과 문화를 체험하면서 자기가 할 수 있는 역할을 찾고 배려하는 마음을 배우게 된다. 가족애가 더욱 끈끈해지며 일상생활에서 할 수 없는 경험을 하며 가족이 함께 경험하며 여행하며 행복의 자아가 형성되었기 때문일 것이다.

좋은 기억을 추억이라고도 하는데 좋은 기억이 좋은 생각을 가지며 좋은 생각이 좋은 행동이 되어 그것이 습관이 되면 좋은 인성을 가진 좋은 사람이 되는 것이다. 여행을 통해 좋은 추억을 많이 만들어주자.

기도하는 엄마의 자녀는 망하지 않는다

내 아이를 키우며 가장 힘든 것이 무엇인가라는 설문조사를 한 것을 보았다.

응답자의 가장 많은 대답은 3분의 1 이상이 훈육을 꼽았으며 구체적으로 규칙 지키기, 미디어 시청 끊기, 벌세우기 등이 있었다. 많은 부모가 훈육을 힘들어했고 상황을 개선하기 위해 어떻게 해야 할지 막연할 때가 있다고 했다. 요즘 매스컴을 볼 때마다 충격적인 소식들이 많다 점점 평균나이가 어려지는 범죄의 소식들을 접할 때마다 내 아이는 어떻게 키워야 할지 어떤 친구를 만나야 할지 두려움까지 생긴다.

세계적으로 상위에 있는 기업들과 유명한 사람들로 유대인이 차지하고 있다는 것은 모두 잘 알고 있을 것이다. 세계적 7대 기업으로 록펠러 텍사코 등 6개 기업이 유대인의 소유며 언론으로 로이터통신 뉴욕타임스 BBC 등이 있으며 영화사로 유니버설, 20세기 폭스 등 우리가 흔히 접할 수 있는 기업들이 유대인의 소유이며, 아인슈타인, 스티븐 스필버그, 빌 게이츠 등 영향력 있는 사람들이 있다.

미국 최고 부자 40명 중 절반이 유대인이며 노벨경제학상 수상자 가운데 42%가 유대인이며 세계 억만장자의 30%가 유대인들이다. 유대인의 엄마들은 특별한 교육이 있을까?

모든 엄마가 하듯 아이가 건강하고 잘 자라기를 바라며 육아한다. 유대인의 엄마들도 낮에 일을 하고 저녁에 자녀들을 만난다. 공통된

관습과 교육이라면 아무리 심한 꾸지람을 들었어도 잠자리에 들어가면 따뜻하게 대해주며 잠들 때까지 함께 있어 준다. 짧은 시간에 성경에 나오는 영웅들의 책을 읽어주며 진심과 사랑으로 자녀를 위한 기도를 해준다. 하루의 끝이 편안하고 내일도 무사하기를 바라는 유대인의 관습이다.

나의 어린 시절 엄마에게 심하게 야단맞은 기억이 있다. 나는 잘못이 없는 것 같아 억울함의 마음을 가지고 있었다. 저녁이 되어 엄마가 보이지 않아 이곳저곳 찾으러 다니다 마침 교회에서 무릎을 꿇고 눈물을 흘리며 기도하고 계시는 엄마를 발견했다. 자녀들이 서로 사랑하며 잘되기를 간구하며 축복된 미래를 위해 기도하고 계셨다. 엄마는 나를 사랑하고 계신다는 것을 깊이 깨달았으며 그 후로 나는 살면서 두 가지 길에서 헤맬 때마다 엄마의 기도하는 모습이 떠올랐다.
엄마는 어떤 길을 기뻐하실까? 예수님은 이럴 때 어떻게 하실까? 라는 삶의 나침반이 되었다. 적어도 나쁜 길로는 가지 않고 부끄럽지만 칭찬받으며 살아온 것 같다.

모든 엄마가 각자의 상황이 다르겠지만 잠자리에 들 때만큼은 그날의 억울한 마음을 풀어주고 사랑하는 마음을 전해주어야 한다. 아이들은 그 사랑을 먹으며 자존감 있고 사랑할 줄 아는 사람으로 자란다. 신앙이 없더라도 잠자리에 들면서 감사할 것 세 가지 찾아서 감사하고 오늘 하루 잘 지내게 해주신 것과 내 아이가 잘 자라기를 기도하며 편안하게 잠들도록 해주도록 하자.

부모의 말의 힘

　부모의 말 한마디가 인생을 좌우한다. 물리 시간에 질량불변의 법칙이 있다. 즉, 음식을 먹어 몸속에서 소화시켜도 몸무게와 음식의 질량은 보존된다. 이와 같은 원리로 화학 반응이 일어날 때도 반응 전후에 물질의 질량은 보존된다. 말도 마찬가지 원리다. 한번 내뱉은 말은 우리 공간에 남아있어 영향력을 발휘한다. 말 한마디로 자존감 있는 아이 자존감이 없는 아이가 될 수 있다.

　내가 중학교 때의 일이다. 전국 합창대회에 참가해 우리 순서를 기다리고 있었다. 다른 학교의 남학생이 나만 빼고 친구들에게 학교 축제에 오라고 초대장을 줬다. 내가 못생겼나? 안 좋은 기분으로 집에 와서 아버지에게 푸념했는데, 아버지께서 하신 말씀이 "너는 춘향이어서 안 준 거야. 중요한 자리에 춘향이에게 직접 초대하지는 않아. 향단이를 통해서 초대하지." 너무 주관적이고 어이없는 아버지의 말씀이었지만, 그 후 나는 예쁜 줄 알고 자랐으며 아버지에게 꾸지람을 들을 때도 나를 예쁜 춘향이라고 생각하신다고 믿었기에 상처받는 일이 없었다.

　자녀들은 할 수 있다고 말해줄 때 부모님이 자신에게 관심을 가진다 생각하며 자신의 능력을 믿어 주고 진실한 마음으로 격려의 말 한마디가 자녀의 인생이 변화된다. 그날 한마디가 우리 자녀의 숨은 잠재력을 깨우기 때문이다. 대부분의 성공한 사람은 이렇듯 부모에게 격려와 지지받은 경험이 있다.

성경에 "말에는 권세가 있다."라고 한다. 엄마의 말 한마디로 우리 자녀가 행복하게 자랄 수 있도록 책임감을 가져야 한다.

* 자녀를 성공시킨 엄마의 말

① 미국 최초의 시각장애인 가수 레이 찰스 엄마의 말

 "안 보이면 마음의 눈으로 보아라."

② 독일의 철혈 재상 비스마르크 엄마의 말

 "무엇이든 네가 잘할 수 있는 일이 있을 거야."

③ 고려시대 귀주대첩의 명장 강감찬 엄마의 말

 "자기 자신을 존중해야 한다."

④ GE 전 회장 잭 웰치 엄마의 말

 "자신을 속이지 마라."

⑤ 유럽 제국의 꿈을 꾼 나폴레옹 엄마의 말

 "결코 용기를 잃지 마라."

⑥ 전 세계인의 가슴을 울린 프리마돈나 조수미 엄마의 말

 "다 잘될 거야."

⑦ 전 이베이 사장, 현 공화당 당직자 맥 휘트먼 엄마의 말

 "원하는 것은 무엇이든 할 수 있다."

⑧ 맥도날드 창업자 레이 크락 엄마의 말

 "공상도 실천할 수 있는 것이면 더 좋지 않겠니?"

⑨ 미국 최초의 여성 대통령 후보 힐러리 클린턴 엄마의 말

 "겁내지 말고 해봐, 너라면 할 수 있어!"

*자녀를 불행으로 이끈 엄마의 말

① 미국 초기 항공과 영화 산업의 귀재이지만 결벽증으로 은둔자가
된 하워드 휴즈 엄마의 말

"더러워 손대지 마!"

② 평생 정상적인 가정을 이루지 못한 채 요절한 프란츠 카프카
엄마의 말

"아버지가 다 알아서 할 거야."

③ 광기로 세계를 전쟁으로 물들인 히틀러 엄마의 말

"네가 하는 일은 뭐든지 다 옳다."

④ 자식의 도둑질을 부추겨 사형수로 만든 엄마의 말

"네가 훔쳐 온 감자 정말 맛있구나."

⑤ 위선자가 되어버린 전 뉴욕 주지사 엘리엇 스피처 부모의 말

"누구도 너를 막지 못할 것이다."

– 출처 : 자녀를 성공시킨 엄마의 말은 다르다. –

"언어는 마음을 무너뜨리거나 마음을 치유할 수 있다.
영혼을 부끄럽게 하거나 자유롭게 할 수 있다.
꿈을 산산조각 내거나 꿈에 힘을 더해줄 수 있다.
관계를 망칠 수도 새롭게 만들 수도 있다."

-제프 브라운-

훈육은 필수

엄마와 자식과의 관계가 좋게 하기 위해서는 행동에 한계를 주어야 한다. 효과적인 훈육을 위해서는 지혜와 인내와 지속성이 있어야 한다.

좋은 엄마가 되기 위해 포용과 사랑뿐이라는 것만큼 잘못된 것은 없다.

LOOK지의 편집자인 레오날드 그로스는 제한 없는 자유를 가진 어린이는 자기가 사랑받지 못할까 봐 겁을 먹게 된다고 말했다.

훈육은 깊은 애정 속에서 바탕이 되어야 한다.

잔소리로 훈육하고 물량 공세로 타협하거나 지나치게 극단적이지 않도록 조심하지 않으면 오히려 엄마의 권위가 없어지고 나쁜 결과로 나타난다.

잔소리보다는 격려로 아이일지라도 존중하며 일관성은 있으나 완고하지 않도록 한다.

훈육은 따끔하게 야단치는 것이 아니라 분명한 원칙을 알려주고 조절하는 능력을 가르치는 것이다.

엄마와 사랑과 이해와 뜻깊은 관계가 되는 훈육이 되도록 한다.

"자녀들아, 주 안에서 너희 부모에게 순종하라 이것이 옳으니라
아비들아, 너희 자녀를 노엽게 하지 말지니 낙심할까 함이라."

-에배소서 6:4

엄마가 성장해야 행복하다

　드라마를 보면 우리의 엄마들이 엄마의 인생을 걸고 자녀를 키웠음에도 자녀가 서운하게 할 때가 있다. 그때 흔히들 말씀하시는 레퍼토리가 "내가 너를 어떻게 키웠는데. 힘들 때도 너만큼은 이렇게 했다." 등 엄마의 희생을 보상받지 못해서 억울해하며 인생의 허무함을 이야기하며 서러워하는 장면을 가끔 본다. 또한 자녀는 "나는 엄마처럼 안 살 거야."라고 되뇐다. 아이는 엄마의 희생으로 자란다. 자녀가 엄마의 희생을 모르는 것이 아니다. 엄마에게 미안한 마음이 있고 행복했으면 하는 마음이 있다는 말이다. 엄마의 꿈을 이루며 당당하게 행복한 육아를 하자.

엄마는 퀸

우리에게 맡겨진 아이를 돌보는 것은 당연하며 의무이며 사명이다.

엄마는 내 아이를 위해서 자신이 뭐든지 해주어야 한다고 믿는다. 그 말이 완전히 틀렸다고는 할 수 없지만, 방법에 있어서는 고민해 봐야 한다, 아이들이 충분히 할 수 있는 것은 아이들에게 맡겨야 한다.

집안의 하인처럼 설거지하거나 아이들이 남긴 음식을 먹거나 아이들이 벗어놓은 옷들과 놀잇감을 따라다니며 정리하며 기쁘지 않은 얼굴로 짜증 내며 잔소리 대왕으로 되어가지는 않는지 생각해보자. 아이를 믿지 못해서 또 귀한 아이라서 미리 겁을 먹고 집안일을 시키지 못하는 건 아닌지 돌아보자. 작은 물방울이 모여서 시내를 이루듯 작은 습관들 작은 행동들이 모여서 큰일을 할 수 있는 기초가 된다. 일찍부터 집안일을 나눠주어 집 안을 함께 정리하며 가정에서 책임감 있는 일원인 것을 가르치고 엄마는 하인이 아니며 퀸이라는 사실을 알게 하자. 엄마가 퀸 이어야 자녀가 왕자님 공주님이 된다는 사실도 잊지 말자.

퀸의 품위를 지키기 위하여 머리를 단정히 하며 얼굴을 예쁘게 꾸미고 맛있는 밥을 함께 먹으며 함께 성장하여 우리 자녀가 존경하고 자랑스러워하는 엄마가 되자.

성장하는 기쁨

스스로 희생이라는 이름으로 스스로 무너지지 말자. 나를 가꾸고 나를 성장시키고 나를 사랑하자. 아이들이 저마다 재능을 하나둘 가지고 있듯이 엄마도 잘하는 것이 있고 그것을 위해 꿈꾸던 때가 있었을 것이다. 전업주부여서 직장인이어서 바빠서 조금도 나를 위한 시간이 없는가 돌아보자.

시간은 그냥 주어지는 것이 아니다. 시간은 모든 사람에게 동일하다. 성공한 사람들이라고 해서 다른 사람보다 시간이 더 많은 것이 아니다. 그들은 자투리 시간을 잘 활용하고 효율적으로 사용한다.

어떤 사람은 육아휴직 기간에 제2외국어를 회화가 되도록 만들었다고 한다. 아기가 자는 동안 회화를 공부하고 아기가 깨어나면 곧바로 아기를 돌보았다고 한다. 시간적 여유가 있다고 해서 모든 것을 잘할 수 없다. 더 이상 여유가 없다는 핑계를 대지 말자.

나는 내가 성장할 가장 좋은 방법은 독서였다. 20년이 넘도록 학교에 다니고 사회생활을 하며 몇 권의 책을 읽었을까? 몇 년 전 40년간 교육 현장에서 계시고 CBMC 인천연합회 회장님이신 최성모 이사장님께서 이끄시는 독서모임을 반강제로 시작했다. 일주일에 한 권 지정 도서를 읽고 월요일 새벽에 만나 책을 나눴다. 월요일에 발표를 위해서 주말에 책을 읽어야 했고 그런 1년은 주말이 없었으며 죽을 것같이 힘들었다. 1~2년이 지나면서 책 한 권을 금방 읽게 되었고 어딜 가나 내 손에 책이 없으면 허전하다. 나의 아이들은 책 읽는 엄마로 인식하기 시작했고 책을 읽는 엄마라 읽고 배운 것이 있기에 우아한 말투로 변했으며 함께 책을 읽고 존중해 주었다. 무엇보다 내가 책 읽기 전 책 읽기 후로 바뀌었다. 책 속의 많은 인물로부터 간접경험을 했기에 세상을 바라보는 관점이 바뀌었고 힘든 일을 이겨내고 좌절을 극복하는 방법을 배웠다.

내가 성장하니 자존감을 되찾고 스스로 존중하게 됐다. 육아로 경력 단절이라고 걱정될 때 다른 사람들과 대화하면서 배경지식이 부족해서 자존심이 상할 때 해결할 유일한 길은 독서다. 하루에 30분 정도 억지로라도 책을 읽는 고정시간을 만들어 보자. 독서로 나를 성장시키고 사랑받고, 사랑하기를 바란다.

지금을 즐겨라

TV 예능 프로그램 중 슈퍼맨이 돌아왔다를 시청했다. 좌충우돌 아빠가 일상에서 육아하는 프로그램이다.

몇 년 전 출연했던 송일국 씨와 삼둥이가 나왔다. 밥 먹는 것, 노는 것, 말하는 것, 조차 아빠의 도움 없이도 아무것도 못 하는 아가였는데 청소년이 되어 있는 모습을 보니 깜짝 놀랐다.

내 아이는 너무 안 크는 것 같았는데 다른 아이들은 눈 깜짝할 사이에 성장하여 엄마 아빠의 도움이 필요 없을 정도로 성장하였다.

송일국 씨는 아이들이 각자 잘 지내고 있어서 오히려 외롭고 할 수 있다면 넷째를 가지고 싶다고 고백했다. 지금이 경제적으로 더 안정되었고 내 시간을 즐길 수 있는데 그 어려운 육아를 왜 다시 하고 싶어 할까?

모든 선배 엄마가 행복했을 때를 떠올리라 하면 육아를 할 때가 힘들었지만 그때가 행복했다고 말한다. 또 그때 잘해주지 못함을 마음 아파하고 있었다.

현재를 즐겨라. 엄마를 부르는 소리를 즐기고, 눈빛 마주치는 것을 즐기고, 엄마를 필요로 하는 이때를 즐겨라. 행복을 만들 능력이 없는 사람은 진정한 행복을 얻지도 못한다. 아이가 장성한 후 육아를 하는 지금을 그리워하지 말고 지금의 행복을 누려라.

기꺼이 도전하고 성공하자

평범한 주부에서 870여 개의 가맹점을 둔 프랜차이즈 업체 CEO로 성공한 ㈜이삭토스트의 김하경 사장님 이야기다. 조용하고 평범한 가정주부였던 그녀가 남편이 갑자기 병으로 자리에 눕자 가족의 생계를 위해 길거리에서 토스트 장사를 시작했다.

그녀가 할 수 있는 것은 아이들 간식으로 만들어주던 토스트뿐이었기에 궁여지책으로 선택한 것이며 본인의 자녀에게 먹이는 것같이 열심히 토스트를 만들었고, 6개월이 돼서는 길거리에서 2평짜리 가게로 옮기며 지금은 전국에 이삭토스트의 프랜차이즈가 생기게 되었다. 오직 가정과 육아밖에 몰랐던 그녀는 기꺼이 도전하고 성공하였다.

너무 성공하신 분의 이야기라서 멀게만 느껴진다면 아주 조그만 예로 내가 운전을 못했을 때는 먼 곳으로 외출하기 위해서는 남편을 의지하였고 남편이 약속을 못 지키면 나를 생각해주지 않는 것 같아서 서운하고 그 서운함이 마음까지 다쳐서 다른 일에까지 영향을 미쳤다.
운전을 배우고 스스로 운전하니 남편의 도움 없이 아이들과 경험하고 싶은 곳에 마음껏 가고 나이 드신 엄마도 마음껏 모시고 다닐 수 있으며 나의 일도 자유롭게 할 수 있게 범위가 넓어졌고, 내 생각이 자유로워졌다.

성경에서 달란트 비유가 있다.
한 달란트, 두 달란트, 다섯 달란트를 주인이 맡기고 멀리 여행을 떠났다. 한 달란트 가진 사람은 잃을까 봐 땅에 묻어두었고 두 달란트, 다섯 달란트 가진 사람은 각각의 일에 도전하여 배로 남기었다. 주인이 돌아와서 달란트를 가지고 오라 했을 때 두 달란트, 다섯 달란트를 가진 사람은 두 배로 남기어 칭찬하였고, 땅에 묻은 한 달란트 가진 사람은 있는 그대로 가지고 왔다. 주인에게 악하고 게으른 종이라 책망받고 그것마저도 빼앗겼다. 뜻을 이해하지 못했을 때는 한 달란트 가진 사람은 '달란트가 적어서 도전을 못 하지.'라고 생각했다. 한 달란트 가진 사람도 열심히 도전하였으나, 한 달란트를 잃었다면 주인은 위로해주셨을 것이며 다시 시작하게 하셨을 것이라고 깨닫게 됐다.

각자의 달란트와 각자의 삶의 무게가 있지만 아무것도 못 한다는 것은 게으름과 나태함이 아닌가 생각하자. 우리가 가진 달란트로 좀 더 도전하고 발전시키면 성공에 이르고 자녀들도 도전과 성공에 꿈을 꿀 것이다.

스스로를 믿어라

새로운 미래를 꿈꾸는 자신을 두려워하지는 않는가?
과연 나에게 그런 능력이 있나?
내가 꿈꾸던 미래로 갈 수 있나?
부정적인 생각을 멈춰라.

사람은 무엇이든지 가질 수 있다! 할 수 있다! 무엇이 될 수 있다고 믿을 때 그대로 된다. 부자가 되고 싶으면 부자가 되는 생각을 가지고 예뻐지고 싶으면 예뻐지는 생각을 가지고 자녀가 영재가 되기를 원하면 영재가 되는 생각을 가지면 생각한 길이 보일 것이며 결국 원하는 길로 가게 되며 얻게 된다.

「성공을 바인딩하라」의 책에 꿈이 있으면 수첩에 적고 생각하면 이루어진다는 내용이 있다 나도 2018년 새해에 막연하게 3가지 원하는 소원을 바인더에 적고 기도한 적이 있다. 얼마 전 책을 정리하다 그때의 바인더를 넘기다 너무나도 깜짝 놀랐다. 불가능하다고 생각한 3가지 소원이 지금 다 이루어져 있었다. 지금은 더 큰 꿈을 바인더에 정리할 예정이다. 길을 정하고 그 길을 바라보면 길이 보이고 그길로 가게 된다.

한순간, 한순간 엄마로서 당당하게 성장하면 우리 자녀도 당당하고 꿈을 꾸는 멋진 자녀로 성장할 것이다. 현명하고 아름답고 당당한 엄마가 되기를 바란다. 나도 늘 옆에서 길잡이가 되어주는 원장으로 있기 위해 오늘도 열심히 배우며 도전한다.

윤 정 아

서창행복나무어린이집 원장

aiel328@naver.com

인천대학교 교육대학원 교육학 석사

서창행복나무어린이집 원장

제10회 효문예창작공모제 교육감상 수상

"아이들이 당신 말을 듣지 않는 것을 걱정하지 말고,
그 아이들이 항상 당신을 보고 있음을 걱정하라."

〈로버트 폴검〉

행복한 아이의
부모 되기
프로젝트

태어날 때부터 엄마인 사람은 없다

왕초보 육아

결혼한 신혼부부는 대개 자녀를 몇 명을 낳을지의 계획을 세우게 된다. 하지만 자녀를 어떻게 교육할 것인지 고민하고나서, 임신 계획을 세우는 예비 부모들이 얼마나 있을까? 우리 아이의 행복을 위해 부모로서 무엇을 해 주어야 할지 구체적인 자녀교육에 대해 생각하는 경우는 극히 드물다. 운전면허나 악기를 다루는 방법은 연습과 가르침을 통해 방법을 배운다. 운전면허를 처음 취득한 사람들은 거의 '초보운전'이라는 스티커를 붙이고 조심스럽게 운전을 시작하게 된다. 좌우 방향은 물론 전후방을 살피며 안전 운행에 주력한다. 그러나 육아에 대한 것은 전문 잡지나 서적 등을 찾아 읽어보는 것이 전부일 것이다. 그렇지 않은 경우에는 막연하게 내가 살아왔던 길이니, 최상의 환경을 만들어 주고, 자신의 경험에 의지하는 자신감으로 자녀의 출산을 기대하며 기다린다. 하지만 우리 아이는 나와 다른 인격체이며 나와는 다른 유일무이한 존재이다. 쌍둥이마저도 개성이 다른 것처럼 고유의 모습을 갖고 태어나기 때문이다. 이렇듯 저마다 다른 존재인 아이들을 낳고 키울 부모가 되기 위한 교육 과정을 수료한 사람은 없다. 정작 한 사람의 인격을 형성하기 위한 책임 있는 양육자가 되는 부모학교는 없다.

아이가 세상에 태어난 날은 바로 내가 엄마로 태어난 날이기도 하다. 아이의 나이와 함께 엄마로서의 경력도 쌓인다. 엄마는 그 누구보다도 내 아이를 잘 키우는 엄마이고자 한다. 아이에게 저마다의 결정적 시기(critical period)가 다시 올 수 없으니, 시행착오가 있어서는 안 된다는 생각으로 완벽하게 키워 보고자 한다. 대부분 부모가 세우는 자녀교육 계획은 이상적인 것이다. 최대한의 목표를 설정하기 때문이다.

대다수 부모는 자녀에게 경제적인 풍요로 줄 수 있는 생활의 편안함과 욕구충족에 의해 아이가 행복할 거라고 생각한다. 그런데 물질적 풍요가 정신적 풍요를 의미하는 것은 아니다.

진정한 아이의 행복은 물질적인 욕구 충족보다 따뜻하게 눈을 맞춰 주고 아이를 아이 자체로 인정해 주는 정서적 안정감이다. 식물이 자라는 데 꼭 필요하고 우리가 살아가는데도 필요한 햇빛, 비, 공기와 같은 자연은 우리가 어떠한 대가를 지불하고 누리는 것들이 아니다. 집은 살 수 있으나, 가정은 살 수 없다는 말처럼 사람들이 살아가는 데 없어서는 안 되는 가장 중요한 것은 돈으로 살 수 없는 것들이다.

결혼 전에 살던 옆집에는 유치원생과 초등학교 저학년 정도의 어린 두 남매를 키우는 젊은 부부가 살고 있었다. 현관문을 열고 살던 때라 옆집의 소리가 많이 들렸다. 그런데 종종 아이들에게 심하다 싶을 정도로 화를 내는 소리가 들리곤 하여 아이들이 너무나 불쌍하게 느껴졌다. 아이들을 유치원과 초등학교에 데려다주고, 출근을 해야 하는 바쁜 아침 시간이면, 큰 소리가 나곤 하는 것이었다. 큰소리가 너무 심해서 옆집에 가서 "아이들을 그렇게 대하면 안 됩니다."라고 얘기해 주고 싶었지만 남의 가정사에 참견한다고 할 때라 참을 수밖에 없었다. 그 아이들이 어떻게 컸을까 궁금할 때가 있다.

지금 생각해 보면 젊은 엄마가 바쁜 일상에서 엄마로서 아이들을 어찌 대하고 어떻게 키워야 하는지 몰라서 그랬을 것 같다. 육아의 초보였던 것이다.

아이들은 태어나면서부터 배우기 시작한다. 생후 1년 동안 인생에서의 성장이 급속도로 이루어지고, 5세까지 인성과 모든 발달이 이루어진다. 가장 중요한 인성의 기초를 완성해 가는 결정적인 시기(critical period)인데, 엄마가 초보라고 아이들이 기다려 주지 않는다.

아이들은 부모의 뒷모습을 보고 그대로 따라가고 있다. 부모는 자녀의 인생에 안내자가 되어야 하며, 모델링이 되어야 한다.

육아의 초보 스티커 떼기

결혼할 때 나는 자상한 배우자를 만나서 자녀를 낳고 행복한 가정을 이루고자 하였다. 남편을 처음 만났을 때 분홍색 안경테를 쓰고 환하게 웃는 모습에서 좋은 인상을 받았다. 그리고 형들과의 사이가 좋아 형제 우애가 있으니 가정적이겠다는 생각이 들어 더 호감이 갔다. 직장에서도 인정받고 형제간에 우애 있고 사람들도 배려할 줄 알고, 부모님께도 효도하는 모습을 보았다. 이러한 사람과 결혼하면 행복한 가정을 이루어 살 수 있겠다는 생각이 들어 결혼을 결심하게 되었다.

결혼을 하고 출산의 계획을 갖고 있었는데, 1, 2년이 지나가도 임신이 되지 않았다. 산부인과를 찾아가 왜 임신이 안되는지 남편과 함께 검사받고, 원인을 찾아 치료받고 노력한 끝에 3년 만에 첫째 아이를 임신하게 되었다. 임신을 기다리는 3년 동안 나는 아이를 낳을 준비에 많이 치중하였으나, 구체적인 양육 계획을 세우지는 않았다.

우리 부부는 그야말로 초보 부모의 모습이었다. 한번은 남편이 아이가 잘못한 것을 어른을 훈육하듯 하는 것을 보며 큰 충격을 받았다. 갓 돌이 지난 아이를 그렇게 훈육하는 것은 아니라는 생각이 든다고 진지하게 이야기했다. 다행히도 남편은 부모가 되는 준비를 못 했다는 것을 깨달았는지 육아 전문 도서들과 인터넷을 통해 아이를 어떻게 키워야 하는지 나름 공부도 하고, 많이 고민하는 모습을 보여 주었다. 아이를 대하는 태도가 긍정적으로 변해가는 것이 보여 너무나 다행스럽고 감사했다.

이후 남편은 아이가 잘못하고 기대에 못 미치는 일을 하여도 화를 내기 전에 이유와 상황을 들어 보려고 한다. 그리고 아이의 입장에서 이해하고 인정해 준다. 이렇듯 아이들을 인격적으로 대해 주니, 아이 스스로 자신의 행동에 책임감을 가지려는 모습이 보이곤 한다.

결혼하여 누구보다 행복한 가정을 이루리라 생각하고 있었던 것 같다. 내가 생각하는 행복한 가정 안에는 아이들이 있었다. 그렇지만 아이의 결정적 발달 시기를 잘 보내어 아이들을 잘 키우리라는 막연한 생각만 있었다. 막상 아이를 낳고 어떻게 키워야 하는지, 모르는 육아의 왕초보 엄마였다.

엄마는 처음이라 엄마로서 아이들을 어떻게 대해 주고 아이를 어떻게 키워야 할지 모르는 것은 신랑과 마찬가지였다. 첫째 아이가 4살에 찍었던 동영상을 보고는 너무나 미안한 마음이 들어 잠을 이루지 못한 적이 있다. 아이가 음악에 맞춰 춤을 추고 있고, 나는 그 장면을 남기고 싶어서 동영상을 찍고 있었다.

늘 '아이의 놀이를 존중해 주어야 한다.'고 생각하였다. 그래서 아이가 싱크대에서 주방용품을 가져와 거실에서 놀아도 아이의 놀이 도구로 생각하고 그냥 두었다. 그런데 춤을 추던 아이가 거품기를 들고는 흔들면서 "이게 몇 개게?" 하고 퀴즈를 내는 것이 아닌가? 그 당시 나의 대답이 녹음되어 있었다. "계속 춤을 춰야지!" 아이의 말에 대꾸하지 않고 아이의 말을 무시하는 내 모습이 보여 너무나 부끄럽다. 춤추는 영상을 남겨 두고 보아야 한다는 생각 뿐이었던 것이다. 그때로 돌아갈 수만 있다면 아이의 반응에 맞장구를 쳐 줄 텐데 아쉬움만 남는다.

사람들은 자신의 행동을 누군가 비난하거나 말을 들어주지 않고, 인정을 해 주지 않으면 기분 나빠할 것이다. 아이들도 마찬가지이다. 중요한 것은 아이들이 느끼는 감정은 그 아이를 만드는 감정이다. 아이의 발달 시기에 무엇보다 중요한 것은 아이의 말에 귀 기울여 주는 것이다.

아이가 스스로 자기의 정체성을 찾아갈 수 있도록 아이의 말과 행동을 존중해 주는 것이 필요하다. 그렇지만 아이의 행동이 누군가에게 피해를 주거나 안전에 문제가 되어서는 안 된다. 아이가 건강한 자아 정립을 해 나갈 수 있도록 해 주어야 한다.

유엔아동권리협약은 아동을 개별적 주체성을 가진 존재로 인정한 최초의 인권 협약이다. 이 협약은 국내법과 동일 효력이 있다. 아이들이 부모로부터 태어났지만, 세상에 나올 때부터 권리를 가진 고유한 존재라는 걸 잊지 않아야 함을 강조하고 있다.

유엔아동권리협약에서는 아이의 권리를 4가지로 정의하고 있다.

첫 번째, 생존권으로 아이의 기본적인 삶을 누리는데 필요한 권리이며, 아이들이 건강하게 자랄 수 있도록 건강한 음식을 제공해 주며, 아플 때 보살펴 주며, 치료가 필요할 때는 병원에서 치료받을 권리 등이 해당 된다. 두 번째, 보호권은 유해한 것으로부터 보호받을 권리로서 몸과 마음이 다치지 않고 안전하게 자랄 수 있도록 도와주는 것을 말한다.

세 번째, 참여권은 아이들이 자신의 생각, 의견을 자유롭게 말할 수 있는 권리이며 배우고 싶은 것을 배우고, 마음껏 놀이할 수 있는 것이다. 네 번째, 발달권은 잠재력을 최대한 발휘할 수 있는 권리를 말한다.

위의 4가지를 부모들이 아이의 인격이 형성되는 시기에 기억하고 아이를 대해 준다면 아이의 건강한 자아상이 형성된다. 그리고 우리 아이들은 부모가 바라는 행복한 아이들로 자랄 것이다.

존중받고, 남도 존중하는
행복한 아이들

건강한 몸과 마음을 키우는 아이들

어릴 적에 맛보고, 먹어 본 것들은 기억 속에 오래 남아 있다. 그 먹거리에 친숙함을 느끼고, 평생 즐겨 먹는 먹거리가 되고, 어릴 때 먹은 음식이 아이의 몸을 만들어 준다. 어릴 적 먹거리의 선택은 중요하다. 부모의 사랑과 정성이 가득 담긴 음식을 아이들에게 제공해 주었을 때 그 음식을 먹고 아이들의 몸과 마음, 생각이 건강하게 성장하는 것이다. 먹는 즐거움을 통해 심리적인 위로를 받을 수 있다. 음식은 단순히 허기만을 달래주는 것뿐만 아니라 정서 안정에 작용하는 중요한 요소라고 할 수 있다. 스트레스를 받으면 먹는 것으로 푼다는 얘기가 있다. 음식은 답답한 마음을 위로해 주고 힘을 낼 수 있도록 해 준다.

한 가정을 알려면 그 집 식탁의 분위기를 보면 알 수 있다고 한다. 요즘은 모두가 바쁘다. 바쁜 일상으로 각자 식사하는 가정들이 많다. 가정에서 함께 음식을 나누는 식사 시간에 자연스럽게 이루어지는 총체적인 교육을 밥상머리 교육이라고 한다.

밥상머리 교육에서는 식사 시간에 지켜야 하는 기본예절을 아이에게 알려 준다. 그리고 한 자리에서 가족들이 함께 식사하면서 화기애애한 분위기 속에서 자연스럽게 대화하게 되고 여러 대화에서 아이의 역량을 부모가 발견할 수 있다. 부모가 먹는 음식을 아이가 지켜보고 아직 접해 보지 못했던 음식도 먹을 수 있으니 편식 예방 지도도 된다. 함께 식사하는 과정에서 가족 간의 유대감과 행복감이 높아지게 된다.

밥상머리 교육을 실천하는 방법은 다음과 같다.

첫째, 정해진 시간에 가족이 함께 식사한다.
둘째, 식사 중에는 스마트폰이나 TV 시청을 하지 않는다.
셋째, 가족 간 하루 일과를 서로 이야기하면서 천천히 식사한다.
넷째, 대화시간에는 부정적인 말과 잔소리를 하지 않고 공감과 칭찬을 아끼지 않으면 좋다.
다섯째, 식사 준비와 정리를 온 가족이 함께한다.

현실적으로 불가능하다고 하면 실천이 어려울 수 있지만, 자녀의 올바른 성장을 위해 할 수 있다는 마음으로 실천한다면 할 수 있을 것이다.

식사 시간에 앞서 긴장이 풀려야 한다. 긴장한 상태에서 밥을 먹으면 체할 수도 있고 소화가 안 된다. 밖에서 아무리 힘들고 속상한 일이 있어도 가정에서 정성스럽게 준비해 준 음식을 대하게 되면 긴장이 풀리고 위로받는다. 자연스럽게 마음이 열리고 하루의 시작을 혹은 하루의 마무리를 음식을 함께 먹으면서 보낼 수 있는 시간이 된다. 한 밥상에서 음식을 먹는 것은 어쩌다 하는 것이 아니라 꾸준히 온 가족이 함께해야 한다. 세 살 버릇 여든 간다는 말이 밥상에서도 적용된다. 어릴 적에 꾸준히 함께 밥상에서 시간을 보낼 때 가족 공동체의 소중함과 유대감이 생기고 어려운 일도 가족이 있다는 마음으로 헤쳐 나가게 된다.

사람이 태어난 나라가 있듯 음식도 생산된 토양이 있다. '몸과 태어난 땅은 하나'라는 뜻의 신토불이는 '제 땅에서 재배된 것이 체질에 잘 맞는다.'는 의미다. 또한 모든 것에 때가 있듯이 음식도 마찬가지이다. 식재료에 있어서 제철 식품이라는 말은 가장 신선하고 영양분도 최상의 상태에 있다는 것이다. 태어난 나라와 제철의 식재료로 만들어진 음식을 먹는 아이는 건강하게 자랄 수 있다.

그런데 시중에는 수입 농산물이 많이 유통되고 있으며, 최근에는 손쉽게 만들어 먹을 수 있는 냉동식품이나 밀키트가 다양하게 시중에 나와 있다. 수입 농산물이나 냉동식품에는 장기간 부패를 막기 위한 보존료가 포함되어 있다. 아이의 건강을 위해서 우리나라에서 생산된 식재료와 제철에 나온 신선한 식재료를 사용하여 밥상을 제공해 주어야 한다.

아이의 식습관에 대한 고민을 가진 부모들을 만날 때가 종종 있다. 아이가 음식을 입에 물고 있거나 먹는 것을 뱉는다. 먹는 것이 너무 까다롭다. 돌아다니면서 먹으려 하고 먹는 시간이 오래 걸리고 먹는 것에 관심이 없다는 고민이 많다. 아이가 먹지 않아서 고민이고, 음식을 심하게 가려 먹어서 고민이다. 특히 채소를 먹지 않는다.

아이들의 편식은 낯선 음식에 대한 두려움이다. '푸드 네오포비아'다.

본능적으로 우리 몸을 지키기 위한 것으로 새로운 것에 대한 두려움이다. 생후 6개월에서 5세 사이에 가장 많이 나타나며 차츰 줄어든다. 자연스럽게 음식을 먹을 수 있도록 하려면 아이가 먹어서 유익한 음식은 여덟 번 이상 접해 볼 수 있도록 해야 한다. 특히 푸드 네오포비아가 많이 나타나는 채소를 먹는 방법으로는 즐거운 분위기에서 가족과 함께 또는 또래와 함께 먹어 보는 것이다. 꾸준히 생활 속에서 반복해보는 것이 좋다. 아이와 함께 채소를 텃밭에서 가꾸고 재배한 식재료로 요리하여 먹어 보는 방법을 추천하고 싶다.

우리 어린이집의 필수 보육 활동에는 생태 텃밭 활동이 있다. 텃밭 활동을 통해 알려 주는 자연학습의 목표도 있지만, 아이들의 바른 식습관 교육을 위해서도 일석이조다. 텃밭에서 재배한 채소들로 깍두기를 담고, 상추를 재배해서 가정과 연계해서 식사지도를 할 수 있도록 하여 자연스럽게 채소를 먹을 수 있는 기회를 만들어 준다. 어린이집의 식사 시간에 또래 아이들과 함께 지켜야 하는 식사 예절을 알려 주어 자연스럽게 익히도록 한다. 그리고 평소 가정에서 먹지 않는다고 하던 음식도 어린이집에서 먹는 모습을 볼 수 있다. 강요하여 먹이지 않지만, 은연중에 편식지도가 된다.

건강한 몸과 마음, 생각을 만들기 위해서는 잘 먹어야 한다. 잘 먹을 수 있도록 부모가 분위기를 만들어줘야 한다. 간식보다는 주식에 집중할 수 있도록 해 줘야 한다. 간식의 양을 잘 조절해서 주식에 방해가 되지 않도록 한다. 과일을 좋아하는 아이들이 많다. 과일은 비타민 등 몸에 좋은 영양소와 수분이 들어 있지만 당분이 많기 때문에 양을 조절해서 제공해 주어야 한다. 달고 짠 음식보다는 식재료 본래의 맛을 느낄 수 있는 조리 방법으로 음식을 만드는 것이 좋다. 우리 아이들은 건강하게 먹을 권리가 있다.

건강한 먹거리를 먹는 것은 아이의 기본적인 삶을 누리는데 필요한 권리이다. 아이들이 건강하게 자랄 수 있다면, 몸이 아파서 병원에 가는 일도 줄어들 것이다.

보호가 필요한 아이들

꽃과 같은 존재이기에 아이들에게서는 향기가 난다. 아이의 입 냄새까지도 좋다.

어떠한 향기와도 비교가 안 되는 꽃과 같은 아이들을 어찌 대하는 것이 좋을까? 아이들을 무조건 사랑으로만 키워야 할까? 아니면, 아이들은 몸집이 작고 자립 능력이 없기에 성인의 도움이 없이는 살아갈 수 없는 약한 이들이니 어른들이 원하는 대로 키우면 되는 것일까?

EBS에서 아동학대에 대한 다큐멘터리 프로그램으로 한강 둔치에 자신이 고치고 싶은 습관이나 잘못된 행동을 상담해 주는 부스를 설치하였다. 상담자가 "약속에 늦고 싶지 않은데 자꾸 늦는다."고 고민을 얘기하자 잘못된 습관을 고쳐 주겠다며 손을 대라고 한다. 그리고 손바닥을 때리려고 한다. 상담자가 "제가 몇 살인데 이렇게 하십니까?" 하고 묻는다. 여기에서 몇 살이 중요한 것이 아니라 어리건 나이가 많건 누구든지 잘못하였다고 맞을 이유는 없는 것이다. 체벌이나 협박과 같은 부정적인 강화는 긴장감을 주어 일시적으로 말을 듣게 하는 것이다.

한국과학기술원(KAIST)의 연구 결과에 의하면(2023. 아동학대, 성인우울증. 조현병 일으키는 원인) 아이가 부모의 보살핌 없이 지속적으로 신체적, 정서적 학대를 받고, 극심한 스트레스에 노출이 되면, 그 결과 뇌신경 회로망과 그 기능이 불안정한 발달을 하여 조현병, 우울증, 인지장애, 불안증세와 같은 다양한 정신질환이 발병할 수 있다고 하였다. 내용에 따르면 비정상적인 신경 회로망 형성으로 성인이 되어도 사회성이 결핍되고 우울증과 같은 복합적인 행동 이상이 일어남을 발견하였다고 한다. 정원석 교수는 "지금까지 아동기 스트레스와 뇌 질환 발병 메커니즘은 잘 밝혀져 있지 않았지만, 이번 연구를 통해 과도한 별아교세포의 포식 작용이 정신질환 발병에 있어 중요한 원인이 될 수 있음을 최초로 증명했다."고 말했다.

이처럼 어릴 때의 학대로 인하여 보호를 제대로 받지 못한 영유 아들은 성인이 되어서도 어려움을 겪을 수 있다. 아이들은 사랑으로 보살펴 주어야 한다. 보호와 존중을 받은 아이가 나중에 성인이 되어 남도 존중할 줄 아는 아이로 자란다.

아이들을 보호가 필요하다는 이유로 어떠한 행동을 하여도 용납이 되는 것은 아니다. 안전을 해치고 다른 사람에게 피해를 주는 행동을 해서는 안 된다.

나만 중요하고 고귀한 존재로 인식되어서는 안 된다. 모두가 더불어 사는 세상임을 알려 주어야 한다. 내 것만 중요한 것이 아니라 모두의 것도 중요하다. 아이의 올바른 행동 변화를 이끌어 내는 것은 행동주의 심리학의 강화 기술인 칭찬이다. 칭찬은 아이가 한 행동이 다른 사람들에게 어떤 가치가 있는지 알려 주고, 나아가 칭찬 받았던 행동을 계속하게 하여 아이의 행동에 변화가 생기게 하는 것이다.

경청(傾聽)으로 아이를 건강하게 키우자

아이는 언어로 자신의 감정이나 상황을 전달할 능력을 갖추지 못한 상태이다. 울음으로 자신의 상황과 감정을 표현한다. 울음으로 먼저 감정을 나타내고, 차츰 말을 한다. 아이들이 하는 말에 귀를 기울인다는 것은 어렵다. 엄마가 들어도 모를 때가 종종 있다. 하지만 아이가 무슨 말을 하는지 잘 알아듣지 못하여도 그런 아이의 말을 잘 들어 주려고 노력해야 하는 것이 엄마의 역할이다.

"사람들은 그 누구도 생각할 수 없는 최악의 방식으로 메시지를 오해한다." 듣기는 복잡하기 때문에 때론 상상도 못 한 부분에서 오해가 생길 수 있다. "성공적인 의사소통에 기본적으로 책임을 정하는 것은 누구인가?"라고 물으면 대부분의 문외한은 화자라고 대답한다. 생각이 훨씬 깊은 응답자들은 청자가 의사소통의 성공에 최소한 절반은 책임을 져야 한다고 인정한다.

-마음을 사로잡는 경청의 힘 중에서-

경청(傾聽)의 한자어를 살펴보면, 기울어질 경(傾)에 들을 청(聽)이다. 먼저 기울어질 경(傾)은 상대방이 하는 말을 듣기 위해 몸을 상대방 쪽으로 기울인다는 뜻이다. 다음은 들을 청(聽)이다. 이 한자는 여러 단어로 되어 있다. 귀(耳)로 듣는 것을 왕(王)이 백성을 살피는 것처럼 해야 하고, 열(十) 개의 눈(目)을 가지고 말하는 사람을 바라보며, 말하는 상대방과 한(一) 마음(心)이 되도록 듣는 것을 뜻하고 있다.

이렇게 부모는 아이의 말을 경청해야 한다. 아이가 무슨 말을 하는지 어렵게만 느껴지지만, 아이들의 말을 잘 들어주는 일은 그리 어려운 일이 아니다. 아이의 입장이 되어 경청하면 된다. 아이와 시선을 마주하며 아이의 얼굴을 바라본다. 그리고 아이가 무엇을 말하는지 시간이 오래 걸리고 하던 말을 반복하여도, 끝까지 얘기를 들어주어야 한다. 그 과정에서 아이의 말에 비언어적 상호작용으로 미소 짓기, 고개 끄덕이기, 토닥이기, 손잡아주기 등으로 관심받고 있다는 표현을 해 주면, 아이와 대화하는 데 도움이 될 것이다. 아이의 이야기를 들어 줄 때는 이 세상에 오직 이 아이만 존재한다는 마음으로 아이의 말에 경청해 주면, 아이는 세상에서 가장 의미있는 시간을 보내게 된다. 잘 들어주기만 하여도 아이의 자존감은 높아진다. 상대방의 존재를 깨닫고 확인하는 것이 대화를 통해서 이루어진다. 특히 아이와의 대화는 우리가 상상하지 못하는 꽃과 같은 언어들이다.

아이가 전해 주는 말 선물을 기록해 보면서,
천사처럼 예쁜 말을 하는 그 순간을 놓치지 마세요.
그때 그 순간 기록하지 않으면 사라질 한정판 아이의 말,
엄마가 평생 꺼내 보는 아름다운 추억이자,
아이에게도 최고의 선물이 될 소중한 기록들

-아이의 말선물 중에서-

'아이의 말선물'의 고하연 작가는 '육아를 행복하게 만들어 준 아이의 말을 수집한다'고 하며 아이들의 말을 말선물이라고 표현하였다. 아이들이 어른들은 생각지도 못할 말들로 많이 행복하게 해 주었던 거 같은데, 이제는 기억나지 않는다. 아이의 말을 기록해 보면 좋겠다. 아이의 말을 기록하려면 경청할 수밖에 없다.

경청하는 엄마의 모습을 보며 아이는 말하는 것이 아직 서툴러도 스스로 '내가 존중받고 있구나!' 느끼면서 말하는 자신감이 생기게 된다. 자신의 주장과 의견을 어느 자리에서든지 당당하게 말할 줄 아는 아이로 자라게 될 것이다.

엘리베이터를 타는 경우 큰 소리로 대화를 하는 사람들이 있다. 주변의 사람들과 같이 공유하는 공간에서 하고 싶은 이야기도 잠시 미루고 내려서 얘기를 하는 예절을 익히도록 알려 주어야 한다. 말을 하고 싶을 때는 언제든지 할 수 있지만, 공공장소의 예절 준수는 필수다.

2010년 서울에서 열렸던 G20 폐막식장에서 오바마 미국 대통령은 주최국인 한국 기자들에게 마지막 질문의 기회를 주고 싶다고 하였다. 하지만 질문하겠다고 손을 드는 한국 기자는 한 명도 없었다. 이를 지켜보던 중국 기자가 한국 기자를 대신해서 본인이 질문하겠다며 일어섰지만, 한국 기자들은 끝내 나서지 않았다. 벌써 10여 년 전 일인데 지금의 우리 아이들은 장소와 때에 맞는 말을 자신 있게 할 수 있는지가 궁금하다. 말을 잘한다는 것은 필요한 때에 필요한 말을 하는 것이다.

결정적 시기(critical period)에 있는 아이들

아이와 엄마와의 관계가 중요한 것은 아이의 감정이 자신 외의 사람에게 영향을 주고받고 하는 관계의 첫 출발점이기 때문이다. 엄마와 관계가 잘 이루어진 대부분 아이는 다른 인간관계에서도 대체로 안정감을 갖는다. 애착 형성이 잘 되고 아이의 욕구에 적절한 반응이 부모에게서 오면, 아이는 편안함과 안정감을 갖게 된다.

"노는 게 제일 좋아!"라는 노래 구절처럼 노는 것이 아동의 권리이며, 놀이를 통해 아이들은 성장한다. 어린이집에 처음 등원하는 아이들은 놀이에 관심이 없다. 놀이에 관심을 가질 만한 안정감이 없기 때문이다. 아이들은 어린이집의 교사, 친구들과 적응이 되면 그제야 놀이에 관심을 갖고 적극적으로 놀이하는 모습을 보인다.

메슬로우(Maslow) 욕구 단계 이론에 의하면 하위 욕구에 대한 만족이 이루어졌을 때, 다음 단계의 욕구가 발생한다고 하는데 아이의 첫 욕구인 안정감이 없으면, 낯선 환경에서 오는 긴장감은 상위 욕구로의 진행을 막는 요소가 된다. 안전하다고 느끼고 편안해지고 나서야 자아 존중, 인정의 욕구를 통해 인지적 욕구로의 진행이 이루어진다. 세 살 버릇 여든 간다는 말을 중요하게 생각한다. 이러한 어릴 때의 기억과 좋은 습관이 평생의 기초가 되기 때문이다.

좋은 습관이 반복되어 몸이 기억하여 생활 습관이 되고 머리가 기억하면 지혜와 지식으로 남는다.

아이들과 도자기 공방에 가서 물레를 돌려, 그릇을 만드는 체험을 하였다. 물레를 돌릴 때 힘을 어떻게 주느냐에 따라 그릇이 접시가 되기도 하고, 꽃병이 되기도 하였다. 그릇이 만들어지는 과정을 지켜보며, '우리 아이들도 이렇게 부모가 어떻게 대해 주느냐에 따라 그 아이의 모습이 달라질 수 있겠다'는 생각이 들었다.

부모의 가치관과 양육 태도에 따라 아이의 장래 모습이 결정되는 것이다. 자녀에게 마땅히 가르쳐야 할 것을 꼭 알려 주어야 하는 것이 부모가 해야 할 일이라는 말이 성경에 쓰여 있다. 아이를 잘 가르치기 위해서 선행 되어져야 하는 것이 있다. 아이와의 따뜻한 스킨십이다.

스킨십을 통해 따뜻한 온기가 마음까지 전달이 되면, 아이들의 몸과 마음이 건강하게 자란다.

르네 스피츠(Rene Spitz) 박사는 전쟁고아들을 보면서 영양 상태는 좋은데 사람과의 접촉이 적었던 아이들은 건강 상태에 이상 증상을 보인 반면, 영양공급은 부족한데 따뜻한 보살핌을 매일 받은 아이들은 건강하게 잘 자라는 것을 보게 되었다. 오랫동안 아이들의 성장 과정을 지켜본 결과 아이는 사람의 따뜻한 온기를 통해 사랑을 먹고 자라는 존재라는 것을 알게 되었다. 또 다른 예화로는

'인큐베이터의 기적'이라는 우화가 있다. 미숙아로 태어난 쌍둥이 자매는 따로따로 인큐베이터에서 지내게 되었다. 그런데 한 아기는 건강하게 잘 자라는데 다른 아기는 맥박도 떨어지고 호흡도 불규칙해져서 살기 어려워 보였다. 아픈 아이를 안타깝게 여긴 한 간호사가 쌍둥이 아기를 함께 있게 해 주었다. 그러자 건강한 아기가 팔

을 뻗어 죽어 가는 아기를 따뜻하게 감싸 안아 주는 것이었다. 몇 시간 뒤에 놀라운 일이 벌어졌다. 힘이 하나도 없던 아기의 맥박과 호흡이 정상으로 돌아온 것이다.

누군가 위로가 필요할 때 백 마디 말보다 따뜻하게 안아 줄 때, 위로받을 때가 있다. 사람의 온기를 통해 사랑이 전달되는 것이다. 사람은 사랑으로 성장한다. 부모와 따뜻하고 부드러운 신체적 접촉은 몸뿐만 아니라 마음을 만져주는 것이 되어 정서적으로 안정을 찾는 것이다.

사람의 마음은 형제가 없기 때문에 이렇듯 따뜻한 스킨십을 통해 사랑이 전달되는 것이다. 또한 사랑은 부드럽고 다정한 말로도 전달할 수 있다. "엄마에게는 ○○이가 세상에서 최고란다" "사랑해" "힘들었구나?" "고마워" 이런 말들이 바로 마음을 만져주고 정서적 안정을 갖게 하는 말이다. 부모의 말로 인해 아이의 마음을 닫게 하는 경우가 있다. 부모라는 이유로 아이의 동의를 얻지 않고 규칙과 태도를 강요하거나, 아이가 원하기도 전에 부모가 먼저 해 주면 아무것도 하지 않으려 한다. "다 너를 위한 것이란다." 하면서 아이가 싫어하는 것을 강요하기도 한다.

가지 않으려고 하는 소의 뿔을 잡아끌면 소는 온 힘을 다해 버텨내려고 한다. 소를 움직이게 하는 방법은 소의 뒤에서 따라가면 된다. 아이들도 부모가 뒤에서 아이를 믿어주고 지지해 주면서 따라가면 된다.

아이가 스스로 "난 정말 괜찮은 아이야, 잘하고 있어!"라고 하며 자신의 정체성을 갖춘 아이는 무엇이든지 자신 있게 한다. 그리고 아이가 인생을 살다가 실패하여도 다시 일어날 힘을 내면에 간직하고 늘 긍정적인 사고를 한다.

신체와 정서적인 안정에 대한 욕구가 충분히 채워진 아이는 지적인 호기심을 갖게 되는 것이다. 그리고 아이는 우리가 상상하는 이상의 성장을 이룰 것이다. 발달권은 아이가 가지고 있는 잠재력을 최대한 발휘할 수 있는 권리를 말한다. 아이들은 영재로 태어났다고 믿는다. 잠재력을 발굴해 주는 것이 부모가 해야할 일이다.

21일 후 태어난 병아리

세상이 변해도 변하지 않는 것

　자연 관찰 공간에 병아리 부화기를 설치한 적이 있다. 부화하는 과정을 아이들이 관찰할 수 있도록 하였던 것이다. 부화기의 설치를 도와준 곳에서 "21일이 지나면 병아리가 나올 겁니다."라고 했다. 처음 설치된 모습을 보니 우리 주변에서 흔히 볼 수 있는 유정란 10개가 부화기에 들어 있었다. 21일 후에 과연 부화하여 병아리가 나올까? 설마 하는 생각이 잠깐 스쳐 지나갔다. '이렇게 세상이 많이 변했는데 병아리가 21일 만에 과연 나올까? 달라진 게 있을 수 있지?' 하는 마음으로 매일매일 지켜 보았다. 그런데 신기하게 19일쯤 되니 살짝 금이 간 달걀이 몇 개 보였다. 21일이 되니 3개의 달걀에서 병아리가 나왔고, 다음날엔 또 다른 3개의 달걀에서도 병아리가 나왔다. 모두 10개의 달걀에서 6마리의 병아리가 태어난 것이다. 자연의 섭리는 그대로 이루어졌다.

요즘의 우리는 몇십 년에 걸쳐 이루어져야 할 발달이 몇 년 사이에 이루어지는 세상을 살고 있다. 궁금한 것이 있으면 컴퓨터나 유튜브에서 정보를 얻는다. 그리고 가상의 세계에 대한 이야기들이 많다. AI가 많은 것을 해결해 주는 편리함 속에 살아가는 현실이지만, 자연의 이치는 변하지 않고 그대로인 것이다.

아이들이 자라는 것 역시 세상이 아무리 바뀌어도 전통의 방식대로 양육해야 하는 것들이 있다.

첫 번째 일찍 자고, 일찍 일어나는 것이다. 규칙적인 일과는 건강한 하루의 시작과 하루를 잘 보낼 수 있는 비결이 여기에 있다. 두 번째로 인스턴트가 아닌 제철의 식재료로 엄마가 조리한 음식을 하루 한끼라도 정해진 시간에 가족이 한자리에서 함께 먹어야 한다.

세 번째는 하고 싶은 말은 자신감 있게 하며 공공장소에서는 큰 소리로 말하지 않는 것이다.

네 번째는 아이가 잘못하고 있으면 옆에 있는 어른이 잘못하고 있다고 말할 수 있어야 한다.

자연과 세상에는 섭리와 이치가 있다는 것을 잊지 않아야겠다.

우주의 창조

아이가 세상에 태어난 순간 우리는 부모가 된다. 부모가 되었다는 것은 엄마가 되었고, 아빠가 되었다는 것을 말한다. 부모가 되어 아이를 키운다는 것은 세상에서 가장 값진 일이다. 이 값진 일의 여정이 시작된 것이다.

아이에게 인정받는 부모를 목표로 삼고 살아보자.

아이가 어릴 때 부모는 세상에서 최고다. 엄마가 없으면 울음을 보이고, 아빠가 퇴근해서 돌아오면 가장 행복한 모습으로 아빠를 맞이한다. 그런데 아이들은 커가면서 많이 변한다.

아이가 사춘기 시기가 되어도 부모와 대화가 되고 친구와의 관계에서 오는 어려움도 부모와 얘기를 나눈다면 지혜롭게 교우관계를 풀어가게 될 것이다.

부모가 돈이 많아서 아이들이 좋아하고 인정해 준다면 돈이 없으면 인정받지 못하게 된다는 것인데, 돈이 많고 적음이 부모를 존경하는 기준이 될 수 없다. 성장하는 부모가 되어야 한다. 아이가 자라는 것과 같이 부모도 함께 성장해 가는 것이다. 아이가 동일시의 대상인 부모를 바라보고 있기 때문이다.

"아이들이 당신의 말을 듣지 않는 것을 걱정하지 말고,
그 아이들이 항상 당신을 보고 있음을 걱정하라."

-로버트 폴검-

아이에게 인정받는 부모가 되는 방법은 아이와 함께 운동하고 꾸준히 건강관리를 하며, 아이와 함께 독서하고, 더불어 사는 사회임을 알고, 이웃을 도와주고 슬퍼하는 이들과 함께 슬퍼하며 어른을 공경하는 것이다. 그리고 중요한 것은 아이가 멋지게 성장하기를 바라는 마음처럼, 부모의 성장도 멈추지 않고 계속되어야 한다.

이러한 부모의 모습을 아이는 배우게 되며, 부모를 존경하는 자녀로 자란다. 아이가 "우리 부모님이 이 세상에서 최고야!"라는 말을 한다면 그 아이는 어떤 삶을 살게 될까? 자녀가 부모에게 잘하면 축복을 받는다는 말이 성경에 쓰여 있다. 아이가 부모를 공경하는 것은 효도하는 것이다.

코스모스꽃 안을 들여다보면 우주가 보인다고 한다. 꽃과 같은 아이들에게도 우주가 있다고 믿는다. 아이는 무한한 가능성이 잠재된 귀한 존재다. 지금은 성인의 보호가 필요한 어린아이이지만, 어떻게 양육하느냐에 따라 세상을 움직이게 하는 중요한 사람이 될 것이다.

우리 아들의 꿈은 코로나19의 백신을 만든 것처럼 전염병을 치료할 수 있는 백신을 만드는 생명과학자다. 사람들이 필요로 할 때 백신을 만들 것이라고 믿는다. 아이가 꿈을 성취하기를 바라는 것은 모든 부모의 마음일 것이다.

이처럼 자녀에 대한 부모의 기대와 사랑, 신뢰로 아이들은 인류의 생사에 필요한 치료제를 만들고, 아픈 사람을 치료해 주는 사람이 될 것이다. 또한 세계 기후 온난화로 식량난에 어려워하는 많은 사람을 먹여 살릴 수 있는 기술을 개발해 낼 것이다. 아이가 앞으로 어떻게 자라 어떤 일을 하게 될지 아무도 모르는 일이다.

부모의 역할은 자녀를 인정해 주는 일이다. 더불어 건강하게 자랄 수 있도록 잘 먹이고, 아이 자체의 모습을 그대로 지지해 주며, 사실을 그대로 알려 주고 발달의 결정적 시기를 놓치지 않도록 해 주어야 하며, 아이의 말에 귀 기울여주면 되는 것이다.

모든 아이는 세상을 움직이게 하는 리더로 성장할 잠재적 능력과 권리가 있다.

최 은 경

숲속실로암영재어린이집 원장
c720105@hanmail.net

성산효대학원대학교 효교육학 전공(석사)
JERI평생교육원 겸임교수
효행 장려센터 효인성 강사

"가장 위대한 유산은 '안정된 애착'이다.
엄마의 따뜻한 눈맞춤은
아이와 소통하는 지름길이다."

소통하는
엄마가
영재로 키운다

별처럼 내게로 온
사랑스러운 나의 아가

　나의 부모님께서는 좋은 것만 보고, 좋은 것만 먹고, 좋은 생각만 하라고 말씀해 주셨는데, 그런 말씀들이 태교에 얼마나 큰 영향을 미치는지 그때는 알지 못했다. 여자로서 아이를 갖은 기쁨에 10개월 동안 사랑스러운 아가와 모든 것을 함께 하면서 온몸과 마음을 다해 만남을 기다렸었다.

　'엄마를 만나기 위해서 열 달의 여행을 끝내고 엄마 품으로 오던 그날 엄마에게는 가장 아픈 고통의 순간이었지만, 너를 본 순간 온 세상을 다 얻은 것 같이 벅찬 기쁨이 차올랐었단다. 네가 뱃속에서의 여행을 마치고 세상에 태어나서, 엄마 품에 안기던 그날 엄마는 형용할 수 없는 신비한 기쁨을 맛보았단다.

너는 그렇게 자기만의 우주를 빛내기 위해서 반짝이는 별처럼 엄마에게 와 주었지.

그날 이후 너는 엄마의 가장 소중한 보물이 되었단다.

너는 하나님께서 엄마에게 주신 특별하고 소중한 선물이었단다.

사랑해 내 아가야.'

아이를 낳고 행복에 젖어 적은 글이다.

아마 모든 엄마는 나와 같은 마음으로 아이를 맞이했을 것이다. 하지만 그때의 첫사랑을 잊고 아이를 키울 때가 많다.

태교의 중요성

갓 태어난 아기는 하얀 도화지와 같다.

엄마는 그 하얀 도화지 위에 화가처럼 그림을 그린다.

엄마가 어떤 밑그림을 그리느냐에 따라 아이의 미래에 지대한 영향을 준다.

태교란 임신 중 태아의 정서적, 심리적, 신체적으로 좋은 영향을 줄 수 있는 교육을 뜻한다. 뱃속의 태아는 임신 때부터 엄마의 기쁨이나 우울한 감정을 느끼기 시작하고, 7개월에 접어들면 엄마의 배를 통해 바깥세상의 소리를 들을 수 있다. 엄마와 태아가 탯줄을 통해서 서로 감정적으로 연결되어 있기 때문에 태교부터 중요하다. 태교의 첫걸음은 건강한 아기를 위해 좋은 환경을 만들어 주고, 애정과 사랑을 표현하는 것이다.

유아교육의 중요성을 알고 있기에 임신하면 그 순간부터 좋은 생각을 하고, 좋은 것만 보고, 좋은 것만 듣고 부정한 것들은 듣지도 보지도 말하지도 않아야 하는데 얼마나 실천했을까?

우리 조상 중 율곡의 어머니 신사임당은 태교로 유명하다. '신사임당'은 옛 어른들의 말씀에 따라 몸가짐을 바르게 하고 좋지 않은 음식, 좋지 못한 것은 보지도 않았다고 한다. 조선시대 세계 최초의 태교 지침서[태교신기]에는 "뱃속에 열 달 동안이 출생 후 스승의 10년 가르침보다 더 중요하다."라고 교훈할 정도다. 이처럼 모태교육은 유아교육의 토대라 할 만큼 중요하다.

세상에서 가장 필요한 자격증이 '부모가 되는 교육 자격증'임에도 불구하고, 우리는 교육도 받지 않은 채 부모가 된다. 그러다 보니 부모에게서 배운 방식대로 자녀를 키우거나 그와 반대로 자녀를 키운다. 아이를 키우면서 "난 절대 엄마처럼 안 키울 거야"라는 말을 하지만 어느 순간 엄마처럼 양육하고 있는 자신을 발견한다. "너도 이다음에 너랑 똑같은 아이 낳아서 한번 키워봐라." 하시던 엄마와 말싸움한 기억이 생각난다. 과연 지금 나는 어떤 엄마인가? 내가 바라던 그런 좋은 엄마가 되어 있는가? 아니면 우리 엄마처럼 살기가 얼마나 어려운지를 매일 느끼고 살아가고 있는가? 라는 질문을 수없이 많이 해 보며 내 아이 키울 때를 생각해 본다.

처음 아이를 키울 때 어떻게 아기를 돌보아야 하는지 잘 몰라서 육아 관련 책을 보고 어르신들의 말씀을 들으면서 하나씩 배워 나갔다. 아이의 발가락, 손가락, 배냇짓 등 모든 행동이 신기하고 너무 예뻤다. 하지만 육아가 그렇게 만만하지는 않았다. 아이가 낮과 밤이 바뀌어서 밤새 우는 날이 많아 당황하며 어쩔 줄 몰랐다. 매일 매일 아이와 씨름하면서 체력이 많이 소진되고 끝내는 산후우울증이 오기도 했다. 조그마한 소리에도 예민하게 반응하는 아이여서 집안이 온통 아이에게 집중되어 있었다. 친정어머니와 주위에 어르신께서 많이 도와주셔서 점차 우울증이 사라지고 아이와 함께 상호작용을 할 수 있었다. 아침에 일어나서 기분 좋게 하루를 시작하면서 산책도 하고 그림책도 들려주며 다양한 오감 활동을 해주었더니 아이가 쑥쑥 잘 성장했다. 중요한 것은 엄마가 아이와 어떤 상호작용을 하는가이다. 아이의 몸짓, 얼굴 표정을 보고, 울음의 소리를 들으며 아이의 생물학적 욕구에 관심을 집중하고 민감하게 반응해주었다. 아이의 욕구가 무엇인지를 알아차리고 그것을 채워주려고 모든 노력을 기울였다. 아이가 조금씩 성장하여 한 단어로 의사 표현을 시작할 때, 간단한 노래를 불러주며 율동도 함께 하고 그림책도 읽어주었다. 그러면서 표정으로 감정을 나누며 실제적인 사회적 상호작용을 했다.

그랬더니 우리 아이는 옹알이, 뒤집기, 아장아장 걸음마 등 다른 아이들에 비해 빠른 편이었다. 행동하는 것마다 너무 놀라게 했다. 혹시 우리 아이가 천재가 아닌가 생각되어 시댁이나 친정에 가면 아이 자랑을 자연스럽게 했었던 기억이 난다.

애착의 중요성

　서로 사랑하여 결혼하고 아이를 갖게 됐지만 엄마가 되는 교육을 받아 보지도 못한 채 '엄마'라는 이름을 갖게 된다. 그렇게 엄마가 되어 아이들을 키우다 보니 시행착오를 많이 겪게 되는 게 현실이다. 현대는 컴퓨터 게임과 스마트폰에 유아가 장시간 노출되는 경우가 많은데, 이것은 유아에게 긍정적이기보다는 부정적인 영향을 더 많이 준다.

　부모가 쉬고 싶어서, 어쩔 수 없는 상황으로 인해 아이에게 인터넷에 노출시키고 스마트폰을 줄 때가 있다. 스마트폰 하나 안겨주면 말썽부리던 아이도 조용해지고 부모를 귀찮게 하지 않는다. 그러다 보니 부모와 실제적인 상호작용을 하기보다는 아이는 스마트폰의 가상현실과 상호작용을 더 많이 하게 된다. 이것은 건강한 애착 관계가 형성되는 것을 방해한다. 부모와의 애착은 아이의 평생을 좌우할 만큼 중요하다.

　존 볼비의 애착이론에 의하면 어린 시절의 엄마와 아이 사이의 안정적인 상호관계가 정상적인 심리발달에 중요한 역할을 한다는 것을 입증했다. 엄마는 아이의 '정서적 안전기지(securebase)'가 된다. 마치 빌딩을 지을 때 기초공사로 땅을 깊이 파서 철심을 박고 콘크리트를 충분한 양을 부어 넣어야만 높이 올려도 무너지지 않는 튼튼한 건물이 될 수 있듯이, 애착형성은 엄마가 아이의 마음에 기초공사를 하는 것과 같은 것이다.

아이와 주양육자 간에 형성된 안정적인 애착 관계는 타인과 정서적 유대관계를 형성하는 기초가 되기 때문에 될 수 있는 대로 양육자가 바뀌지 않도록 하는 것이 좋다. 혹시라도 남에게 맡길 일이 생길 때는 엄마와 함께하는 양질의 시간을 늘려서 아이에게 애정을 표현하고 자주 안아주면서 편안함을 느낄 수 있도록 도와줘야 한다. 아이가 생후 1~2년까지는 영아기라고 하는데 이때 안정된 애착 관계를 경험하면 성장한 후에 자신감과 신뢰감, 정서적 안정감, 타인에 대한 신뢰와 배려 등을 자연스럽게 습득하게 된다.

안정된 애착 형성을 위해 꼭!! 해줘야 하는 것들이 있다.
1. 눈 마주치기
2. 꼭 안아주기
3. 얼굴과 몸에 뽀뽀해 주기
4. 부드럽게 쓰다듬어 주기
5. 등을 토닥토닥해 주기
6. 긍정의 말로 애정 표현하기 (사랑해, 너는 최고야, 잘했어, 고마워, 괜찮아, 넌 할 수 있어. 힘내)
7. 놀이하면서 자연스럽게 스킨십 나누기
8. 볼 맞대고 비비기
9. 좋은 음악 들려주기
10. 그림책 들려주기

우리 원에서는 아이와 선생님이 편안한 가운데 안정된 애착 형성이 잘 될 수 있도록 단계에 맞추어 몸으로 하는 애정 표현과 말로 하는 애정 표현을 해준다.

특별히 신체접촉은 호흡기에도 영향을 미친다. 태어날 때 엄마와 신체접촉을 맺지 못한 어린이 천식 환자를 최면요법으로 엄마와 유대감을 쌓게 하고 신체접촉 경험을 갖게 했더니 천식 증상이 사라졌다고 한다. 식물을 키울 때도 좋은 음악을 틀어주고 애정을 주면 더 잘 크는 것처럼, 사랑과 관심을 받으며 자란 아이는 정서적으로 안정될 뿐만 아니라 머리도 좋아지는 것이다. 따라서 자녀와 함께 놀이할 때 많이 안아주고 어루만져주는 신체접촉을 많이 해야 한다.

영아기와 유아기 아이들은 누구나 부모가 만져주고 안아주는 것을 좋아한다. 아이와 친밀한 신체접촉은 마음을 어루만지는 것과 같다. 아이의 뇌와 마음은 피부와 연결되어 있다. 그래서 스킨십을 많이 해주는 것이 좋다. 백 마디의 말보다도 피부 접촉인 스킨십이 강하며, 아이의 뇌가 피부에 있기 때문에 피부 감각이 곧 성격이 된다고 한다. 영아기와 유아기에 신체접촉이 부족한 아이는 심리적으로 죽은 것과 다름없다. 몸의 거리는 곧 마음의 거리다. 접촉이 많다는 것은 몸의 거리가 제로가 될 때까지 한없이 가까워지는 것이다.

이제부터 스마트폰을 안기기보다 엄마 품에 한 번 더 안기는 경험을 하게 하자. 바쁠 때일수록, 피곤해서 쉬고 싶을수록 애착의 중요성을 기억하자.

긍정의 반응으로 애착을 형성한다

소통하는 눈맞춤이 신뢰감을 형성한다

자아의 발달과 성장을 사회적 관계에서 통찰한 애릭슨은 0세에서 1세 사이에 '신뢰감'이 형성된다고 한다. 신뢰감은 자기나 타인에 대한 긍정적이거나 부정적인 태도를 말한다. 부모가 유아의 신체적, 심리적 필요에 적절히 반응해 줄 때 아기는 부모에 대한 신뢰감을 갖게 된다. 아이가 태어났을 때는 말을 하지 못하지만, 엄마와 어떻게 소통할까?

엄마와 눈을 맞추면서 엄마와 신뢰감이 형성되고 아이는 엄마와 소통한다.

엄마는 아가가 말을 못 해도 눈으로 듣고, 마음으로 알아차린다.

아이가 오줌을 쌌는지, 배가 고파서 우는지, 아이가 뭘 원하는지 아이의 표정을 눈으로 보면서 아이의 감정과 욕구를 읽을 수 있다. 아이가 말을 못하더라도 아이의 표정, 몸짓, 아이의 눈빛 하나하나에서 그 아이가 엄마에게 전하고 싶어 하는 메시지를 알아차리고 소통하고 있다. 눈맞춤은 아이와 엄마가 소통하는 하나의 방법이다.

눈은 마음의 창이다. 서로가 눈을 마주하면서 그 사람이 느끼는 감정을 읽을 수 있다.

저녁을 먹고 설거지를 하면서 아이가 하는 얘기를 아이의 눈을 보면서 하는 것이 아니라 바쁘다는 이유로 건성으로 대답만 해주면 안 된다. 설거지는 나중에 해도 된다. 아이가 말을 하면 하던 걸 멈추고 눈을 보며 반응해 주자. 상황이 안될 때는 "지금 물이 끓어서 요것만 소독하고 이야기하면 안 될까?" 하며 양해를 구하자. 아이는 엄마 상황을 이해하며 양보할 것이다. 양보하지 않고 끝까지 궁금해하거나 이야기하기를 원하면 들어주는 걸 먼저 하자. 왜냐고? 그래야 내 아이가 어디 가서든지 자기 의견을 말할 수 있고 다른 사람의 의견을 존중하는 것을 배워서 실천하기 때문이다.

엄마가 아이와 함께 눈맞춤을 하면서 "까꿍, 까꿍!"하고 웃어주면 아이는 엄마의 표정을 보고 너무 행복한 얼굴로 함박웃음을 지어준다. 그러면서 주양육자인 엄마에 대한 신뢰감을 갖게 되면서 엄마와의 애착이 형성된다.

따뜻한 선생님은 애착의 보약이다

어릴 때 안정적인 애착 관계가 형성되지 않으면 낯을 많이 가리고 친구를 잘 사귀지 못하며 남에게 베풀 줄 모르는 사람으로 성장하게 된다.

부모와 어떤 애착 관계를 형성했는지에 따라 이후 아이의 성격이나 대인관계가 결정된다.

영아기와 아동기의 애착 관계는 자녀의 잠재의식 속에 자리 잡아 자녀가 성장하면서 성격을 형성하는데 한 축이 된다. 이렇게 어린 시절 부모와의 애착 관계를 바탕으로 형성된 성격은 잘 바뀌지 않는다. 어린 시절에 마음의 상처와 공포, 두려움으로 인한 위축 등은 시간이 지나도 해소되지 않고 자녀가 살면서 계속 견뎌내야 하는 무거운 짐이 된다. 따라서 부모가 아이에게 줄 수 있는 가장 위대한 유산은 친밀한 신체접촉과 애정, 일관성이 있는 지지와 격려를 통해 안정적인 애착 관계를 형성시켜 주는 것이다.

영아기의 아이가 입소하면 엄마와 똑같은 마음으로 엄마가 되어 애착 관계에 중점을 둔다. 선생님과의 애착 관계 형성을 위해서 선생님들이 엄마처럼 아이를 많이 안아주고, 뽀뽀해 주고 쓰다듬어 주면서 '너를 사랑한단다.'라고 마음으로 몸으로 따뜻한 목소리로 말해 주고 있다.

일주일은 1시간씩 교실에서 엄마와 함께 놀이하면서 서서히 떨어지는 연습을 하면서 아이들이 불안해하지 않고 어린이집이 편안한 곳으로 인식될 수 있도록 하고 있다.

그다음부터 시간을 점점 늘려 가면서 선생님과 아이들의 상호작용을 통해서 선생님도 엄마와 똑같다는 인식을 심어준다. 우리 원에서는 선생님이 엄마가 되어준다.

특별히 애착 형성이 잘 안된 아이의 경우 어린이집에 적응하는 기간도 다른 아이들에 비해서 오래 걸린다. 그래서 그런 아이일수록 시간은 짧게, 활동은 재미있게 하며 아이가 불안하지 않으면서 잘 적응할 수 있도록 하고 있다.

우리 아이를 처음 어린이집에 맡겼던 날이 생각난다.

어린이집을 처음 보내면서 나도 아이도 적응 기간이 필요할 것 같았다. 그래서 적응기간 동안 1시간 후에 데리러 오겠다고 약속하고 어린이집을 나왔다. 우리 아이가 1시간 동안 선생님과 친구들과 잘 지내고 있을까 아니면 엄마를 찾으면서 계속 울고 있지는 않을까 등등 걱정과 불안해서 안절부절못할 때가 있었다. 생각했던 염려와는 달리 너무 잘 적응해준 우리 아이를 보면서 너무 행복했던 그날이 생각난다. 아이를 어린이집에 보내 놓고 걱정하시는 부모님들 보면 그때의 내 모습이 생각난다.

세 아이를 키우면서 아이와 엄마와의 애착 형성의 중요성을 너무 잘 알기에 우리 가족은 함께 늦둥이를 키웠다. 엄마가 직장 일로 바쁠 때는 언니가 엄마가 되어서 막내를 챙겼고 이웃에 사시는 어르신들과 주말에는 교회에 다니면서 여러 사람과 어우러져서 온마을이 함께 우리 아이를 키웠다. 그래서인지 낯가림은 물론 모든 사람과의 관계에서 문제가 되지 않았다. 어린이집 적응 또한 너무 잘해 주었다.

우리 어린이집에 상담 오시는 부모님께도 아이는 엄마 혼자 키우는 게 아니고 아빠, 이웃, 교육 기관 등 온마을이 함께 키워야 한다고 말씀드린다. 엄마가 행복해야 아이도 행복하기에 엄마 혼자 육아를 맡아서 하면서 지치면 안 된다. 엄마가 힘들어하면 그 힘든 부분이 아이에게 그대로 전달되기 때문에 육아는 엄마 혼자가 아닌 모두가 함께 동참하며 함께할 때 많은 사람과 잘 지낼 수 있는 성품으로 자란다.

마음을 움직이는 긍정의 힘

아이들의 기질은 타고나지만, 인성은 타고나는 것이 아니라 부모의 양육 방법에 영향을 받는다. 부모에게 어떤 칭찬을 듣고 어떤 말을 듣고 자랐는가에 따라 아이의 자존감에 차이가 발생한다. 낮은 자존감을 가진 아동은 스스로를 존중하지 않거나 무가치하게 느낀다. 그것이 낮은 자존감에서 비롯된 부정적인 느낌, 선택으로 이어져 아동기의 많은 문제행동으로 나타난다. 자녀교육에 있어서 칭찬은 선택이 아닌 필수다. 자신에 대한 자존감이 높은 아이로 성장하길 원한다면 아이에게 칭찬을 아끼지 않아야 한다.

심리학자 하워드 가드너는 하루에 칭찬은 5번 받으면 1년에 1,825번 칭찬을 듣게 되고, 하루에 꾸중을 5번 들으면 1년에 1,825번 꾸중을 듣게 되니, 그 차이는 3,650번이라고 했다.

"어느 쪽이 아이에게 자신감을 주고 행복하게 만들까? 당연히 자신의 노력과 과정에 칭찬과 지지를 받은 아이들일 것이다."

-부모력의 비밀-

아이에게 칭찬을 아끼지 않는 부모가 되자. 칭찬은 나를 변화시키는 마법의 힘을 발휘하기 때문이다. 우리 원에서도 칭찬함을 만들어서 전체 교직원들과 함께하고 있다. 한 달에 한 번 모든 교직원이 칭찬내용을 적어서 칭찬해준다. 어른인데도 너무나 좋아하는 것을 보면서 칭찬의 힘을 다시 한번 새겨본다.

마음을 움직이는 말

"말이 씨가 된다."라는 말이 있다. 내가 하거나 들은 말이 뿌리를 내리고 때와 조건을 만나면서 열매를 맺는다. 말하던 대로 이루어진다는 뜻이다. 남의 험담이나 어떤 일에 대해 너무 불안해하고 걱정하면 나쁜 결과를 얻고, 누군가를 칭찬하고 용기를 주고 성공을 빌면 좋은 결과를 얻게 된다는 것이다. 말은 살아서 움직이는 위력을 가지고 있다.

전 직원에게 말의 중요성을 나누며 특히 아이들 앞에서는 긍정적인 언어사용을 잘해야 한다고 늘 강조한다. TV에서 방영된 것을 보고 우리 원에서도 교실에서 아이들과 함께 긍정의 언어, 부정의 언어를 가지고 실험했다. 유리병 2개에 똑같은 양의 밥을 넣고 모둠별로 실험해 보았다. 한쪽은 '고맙습니다. 감사합니다' 긍정의 언어를 또 다른 한쪽에는 '짜증 나, 미워' 부정의 언어를 종이에 적어서 유리병에 각각 붙인 다음 모둠별로 아이들이 오고 가면서 유리병에 좋은 말과 부정의 말들을 하게 했다. 한 달 뒤 실험 결과는 참으로 놀라웠다. '고맙습니다' 종이가 붙여진 병의 밥은 새하얀 곰팡이와 함께 좋은 냄새가 났고 '짜증 나' 종이가 붙여진 병의 밥에서는 거무스름한 곰팡이가 악취를 풍기고 있었다. 긍정의 언어들을 사용하니 교실 분위기가 좋아지고 아이들이 원에 다니면서 언어가 바뀌었다고 놀라워하며 감사해하는 부모님들이 많아졌다.

나에게도 살면서 힘든 시절이 있었는데 그때에도 부정적인 생각보다는 긍정적으로 생각하며 긍정의 언어를 선택하여 사용하였다.

'잘될 거야.'
'할 수 있어.'
'넌 하나님의 최고의 걸작품이야.'
'괜찮아, 괜찮아, 충분히 잘했어.'
'넌 세상에 꼭 필요한 사람이 될 수 있어.'

어려운 일이 생겨도 주어진 일에 최선을 다하면서 나의 꿈을 이루어 갈 수 있는 것은 힘든 상황 속에서도 늘 긍정의 언어를 사용한 덕분이라 믿는다.

성공한 사람들을 보면 대부분 긍정적인 자기 암시를 한다.

'나는 성공할 것이다. 나는 할 수 있다.' 항상 스스로 믿고 노력한다. 그리고 어린 시절부터 자식의 가능성을 믿고 격려해 준 부모가 그들 뒤에 있었다.

마음을 움직이는 감사

유대인의 '탈무드'에 보면 "참된 지자는 모든 교우에게 배우는 사람이요, 참된 강자는 자신을 제어하는 사람이요, 참된 부자는 가진 것에 감사하는 사람이다"라고 했다.

감사는 마음의 양약과도 같아서 마음을 건강하게 하고 다른 사람들의 마음까지 편안하게 한다. 많은 학자가 감사에 대해 연구한 결과 감사는 훈련이자 습관이라고 한다. 감사를 선택하는 훈련을 계속하면 할수록 우리의 뇌는 감사 거리를 더 찾게 된다고 한다.

감사는 거창한 것이 아닌 일상생활 속에서 작은 것부터 시작하면 된다. 우리도 마음만 먹으면 실천할 수 있다. 나도 매일 하루를 마무리하면서 감사노트에 적기 시작하여 이제는 감사한 것들이 점점 늘어나는 것을 경험하게 되었다. 긍정의 마음을 가지면 감사가 절로 나온다. 우리 원에서는 사랑합니다. 효도하겠습니다.라는 긍정의 인사로 하루를 시작한다. 부모님의 은혜에 감사하는 마음을 인사로 말한다. 인사 하나만 잘해도 인성의 80%는 잘 되어 있다고 말한다.

하루의 시작인 아침에 부모가 밝은 미소와 긍정적인 언어로 인사를 해주면 우리 아이들의 하루가 더 행복하게 시작되리라 믿는다.

자녀들에게 에너지를 주는 파이팅 인사나 축복을 주는 인사, 격려의 말로 희망을 주는 특별한 인사를 해주는 엄마들이 늘어나길 희망한다.

"감사와 행복은 한집에 산다."

-간디-

우리 원에서는 5세부터 이사장님과 원장인 내가 그림책을 들려주고 담임은 그림책 하브루타를 하고 있다. 그래서 이번 참여수업 때 부모님과 함께 '세상에서 가장 힘이 센 말'로 그림책 참여수업을 하였다. 너는 어떤 말이 가장 힘이 세다고 생각하니? 선생님의 질문에 아이들이 서로 이야기하면서 사랑해, 고마워, 괜찮아, 미안해 등 긍정적인 말들이 많이 나왔다. 참여수업을 통해 부모님들도 긍정의 말이 얼마나 중요한지 깨달으면서 실천하기로 다짐하였다.

희망의 말이나 격려의 말은 자녀에게 아주 좋은 보약이 된다는 사실을 알기에 자주 하려 애를 썼다. 나도 그 누군가에게 늘 긍정과 희망을 이야기하는 사람이 되고 싶다. 많은 사람에게 위로의 말, 희망의 말, 격려의 말, 축복의 언어를 지금보다 더 많이 하도록 노력하기로 다짐해 본다. 요즘 아이들은 미디어에 많이 노출이 되다 보니 긍정의 언어보다는 뜻도 모르면서 부정적인 언어를 사용하는 아이들이 많다. 긍정의 언어를 사용하려 애쓰고 있는 엄마이지만, 아이들이 잘못하거나 내 마음에 들지 않는 행동을 하면 나도 모르게 "생각이 있니, 없니? 도대체 몇 번을 이야기해야 돼?" 하면서 때로는 나의 감정과 기분에 따라 나도 모르게 부정의 언어들을 쏟아내고 후회한 적이 있다. 엄마라고 해서 자녀를 함부로 다룰 권리가 있는 것은 아닌 걸 알면서도. 가끔은 마음과 상관없이 말이 먼저 튀어나와 아이들에게 상처 주었던 순간들이 있었다. 어린 자녀 앞에서 부모가 말을 함부로 하면, 우리의 의사와는 상관없이 자녀는 부모의 말을 그대로 배우게 된다. 그 부모의 말이 자녀의 말하기 습관에 기초 영양분임을 기억하며 긍정의 언어가 일상 언어가 되도록 습관화해야 한다.

"우리의 뇌는 사실관계와 주어를 구분하지 못하고 우리가 하는 말에 반응한다. 좋은 말이든 나쁜 말이든 우리가 자주 쓰는 말에 따라 우리의 미래가 결정된다. 그러므로 절제된 말, 격려의 말, 축복의 말, 승리의 말, 매력의 말을 해야 한다.

가족들, 특히 자녀들에게 희망의 말과 격려의 말을 자주 해주자. 그들은 긍정의 말을 먹고 쑥쑥 자라날 것이다.

내가 하는 말은 모두 부메랑처럼 나에게 돌아온다.

가족들 특히 자녀들에게 희망의 말과 격려의 말을 자주 해주자. 그들은 그 말을 먹고 쑥쑥 자랄 것이다."

〈무지개 원리 중에서〉

엄마의 뱃속에서 나와 탯줄을 끊는 순간 자녀를 하나의 인격체로 대해 주어야 한다. 그런데 우리는 자녀를 사랑한다는 이유로, 훈육한다는 이유로, 알게 모르게 많은 상처를 주게 된다. 아이에게 가장 많은 영향을 주는 엄마는 항상 긍정, 축복, 격려의 언어로 이야기하도록 노력해야 한다.

마음을 움직이는 경청

아이들은 계속해서 들어 달라고 한다. 아무 말도, 아무것도 원하지 않고 그저 내 얘기만 들어 달라고 한다. 대부분 사람은 말하기를 좋아하는 사람보다는 잘 들어 주는 사람을 좋아한다. 자녀와 부모 사이에서도 마찬가지다. 아이의 말을 잘 들어주는 부모가 되자. 아이들이 이야기할 때 긍정적인 눈빛과 마음으로 경청하면서 공감하면 아이들은 신이 나서 무슨 말이든지 더 말하고 싶어 한다. 부모가 진지한 태도로 들어주면 아이는 신바람이 나서 자기에게 있었던 모든 일들을 털어놓게 되고 마음의 치유를 경험한다. 하지만 부모가 훈육을 목적으로 명령하고 설교하고 조언만 하면 아이들은 말문을 닫아 버린다. 자녀와 대화가 단절되면 자녀를 이해하기 어렵고, 자녀에게 발생하는 문제들을 놓칠 수 있다.

자녀와 함께 하는 시간을 만들어 아이가 부모의 사랑 속에 편안히 잠길 수 있는 시간을 마련하자. 경청이란 귀 기울이며 듣는다는 행동이다. 부모가 먼저 자녀의 작은 소리에 경청하면 자녀들은 부모가 하는 것을 보고 이야기에 경청한다. 경청하는 부모 밑에서 자란 아이는 다른 사람의 이야기도 소중하게 듣는다.

공감은 상대를 바꾸려고 하거나 고치려고 내 생각을 전달하는 것도 아니다. '내가 너와 함께 있다. 너의 경험을 온전히 함께한다.'는 것을 전하는 것이다. 불교에는 이런 말이 있다. "무언가를 하려고만 하지 말고 그냥 그곳에 있어라." 공감의 열쇠는 바로 존재 그 자체다. 사람과 사람이 겪는 고통에 온전히 함께 있어 주는 것이다.

누군가 진정으로 내 말에 귀를 기울여 들어주고 있다는 그 자체만으로도 눈부신 치료 효과가 있다.

정신과 의사 스캇펙은 이런 말을 했다. "환자가 어른이거나 아이거나 상관없이 수많은 상담 사례 중 4분의 1은 문제의 근본 이유가 밝혀지지 않았다. 그럼에도 불구하고 처음 몇 달 사이에 이미 극적인 진전을 보인다. 여기에는 여러 가지 이유가 있겠지만, 그중에서도 제일 중요한 것은 환자는 의사가 자기의 이야기를 진심으로 들어주고 있음을 직감하기 때문이다." 그냥 들어주기만 해도 힘과 에너지를 얻는 것이다.

나는 퇴근해서 집에 오면 집안일이 우선이었다. 아이는 자기를 쳐다봐 주길 원하는 데 그 마음을 헤아리지 못하고 아이가 질문을 해도 쳐다보지 않고 건성으로 대답한 적이 있다. 부모 교육 때마다 최성모 이사장님께서 항상 말씀하신다. 저녁 먹은 설거지는 하지도 말고 온통 그 시간을 아이와 함께 놀아 주고 잠자기 전에 그림책

1~2권 정도 꼭 읽어주라고 강조하신다. 그림책의 내용들이 꿈에서도 연결되어 뇌가 계속 발달하며 편안하게 잠을 잔다. 그리고 나서 설거지하고 집안일 하고 나만을 위한 시간을 가지라고 말씀하셨다.

바쁘다는 이유로 아이들에게 상처를 주지 말자. 진정한 경청은 말이 아닌 아이의 마음을 알아주는 것이다. 우리 아이들의 말속에 담긴 아이의 마음을 헤아릴 줄 아는 엄마가 되자.

글로벌 리더로 자라게 하는 숲속 실로암

우리 원은 임마누엘 글로벌 리더 스쿨을 목표로 영재로 키우고자 프로그램을 준비하고 있다.

천재는 타고나는 것이지만 영재는 누구나 키울 수 있다. 어떤 부분에서 특출하게 잘하면 영재라고 한다. 우리 아이들이 어떤 분야에서 잘할지 모르기 때문에 많은 경험을 통해 그 아이가 좋아하는 것, 잘하는 것을 찾아 줘야 한다. 우리가 선호하는 의사가 되었는데 적성이 맞지 않으면 행복하지 않을 것이다. 내가 잘하고 좋아하는 것을 전공하여 그 일을 하는 것이 행복한 영재가 되는 지름길이다. 아이가 리더가 되려면 온마을이 함께 키워야 한다. 특히 아이들이 오랜 시간을 활동하는 곳인 교육 기관을 잘 선정해야 한다. 그래서 우리 원은 '함께 성장하고 함께 행복하고 함께 성장하자!'를 목표로 아이도 잘 키우고 엄마도 행복하고 교직원들도 행복하기를 꿈꾸며 준비한다. 세계적인 리더로 키우기 위해서는 우리가 서로 함께 할 때 아이들이 잘 성장할 수 있다. 그러기 위해서는 우리는 무엇을 해야 하는가?

첫째, 자연친화적인 활동을 한다.

정원과 도서관만 있으면 모든 것이 다 있는 것이다. 라고 철학자 키케로가 말했는데 자연과 책이 있으면 많은 교육이 이루어진다.

우리 원은 정원과 그림책을 갖추고 교육한다. 멀리 가지 않아도 원 안에서 꽃과 열매가 열리고, 동물들이 있고 생태 등 연못에는 물고기들이 살고 있다. 우리 아이들이 잘 성장하기 위한

숲과 자연을 이용한 놀이는 단순한 경험이 아니라 전인적 성장에 중요한 역할을 한다. 여러 생명체가 공존하는 다양성, 나눔과 배려. 생명 존중을 알아가는 과정에서 아이들의 인성이 자란다. 자연은 아이들에게 감성과 창의력을 발달시키고 나눔과 배려의 소중한 경험을 주기 때문에 우리 아이들은 자연에서 텃밭 가꾸기, 동물 키우기, 숲 체험, 텃밭에서 키우는 것을 가지고 미술 활동과 푸드아트까지 연결하여 자연과 함께 생활하면서 교육하고 있다. 대자연은 아이의 정서를 함양하고 체질을 강화시키며 의욕을 왕성하게 만든다. 도시의 아이들이 심약하고 난폭한 것도 모두 대자연과 멀리 떨어져 지내기 때문이다. 자연은 아이에게 가장 좋은 교과서이다.

둘째, 그림책 활동이다.

어려서부터 책을 좋아하는 아이로 키워야 한다. 세계적으로 성공한 사람들을 보면 의외로 독서광들이 많다. 그림책은 사람의 아픈

마음을 치유하는 놀라운 능력을 가지고 있다. 아이들에게 그림책을 들려주면서 마음을 열어주는 친구들을 많이 보았다. 아이들의 생각을 키워주고 상상력을 키워주는 그림책 활동으로 그림책 주 4회 이상 들려주기, 가정과 연계 활동, 만권의 책읽기 활동을 하고 있다. 만권의 책읽기는 아이들의 잠재력과 가능성을 발견하여 꿈을 이룰 수 있게 한다.

셋째, 다국어 활동이다.

글로벌 리더가 되기 위해서는 언어를 잘해야 한다. 다양한 언어는 잘하기 위해서 다국어 프로그램을 하고 있다. 다국어 프로그램을 통해 세계문화를 알게 하면서 3개국어인 영어, 중국어, 스페인어를 3년에 걸쳐서 배우게 된다. 또한 영어를 많이 노출 시키기 위해서 원어민과 함께 신체활동까지 하고 있다.

넷째, 아이들이 건강해야 한다.

아이들의 건강은 음식에서 문제가 올 때가 많다. 우리의 두뇌는 섭취하는 음식에 들어 있는 영양소로 만들어지며 음식은 아이들의 생각과 행동에 영향을 준다. 두뇌를 구성하는 필요한 영양소들이 충분히 함유된 음식으로 아이 뇌의 집중력을 높여준다.

탄수화물인 백미는 설탕 덩어리와 같아서 아무런 영양도 없다. 우리 원은 도정기가 있어서 현미를 날마다 도정하여 밥을 해준다. 현미를 7분도로 도정을 하여 쌀눈이 살아있게 하여 가장 영양이 많은 상태로 골고루 섭취하고 있다.

채소를 좋아하지 않는 아이들이 많아서 편식 예방을 위해서 텃밭을 통해 자연이 주는 소중함을 알게 하고 채소를 가꾸며 친해지게 한다. 텃밭에서 직접 키운 상추 등 채소들을 가지고 영양사님과 함께 영양 교실과 푸드아트 수업을 하고 있다. 식목일 때는 콩나물 키우기를 통해서 아이들이 직접 물을 주고 자라나는 것을 관찰하게 하였다. 내가 키운 콩나물은 내가 다 먹어야 한다고 하면서 평소에 먹지 않던 채소까지 먹게 되었다고 하면서 부모님들께서 엄청나게 좋아하셨다. 가정과 연계 활동으로 작은 화분을 이용해서 집에서도 쉽게 할 수 있는 채소를 키워 먹기 등 미션 활동을 아이들과 함께 하면서 정서 함양이나 편식 예방에 도움을 주기를 권장하고 있다. 우리 원에서는 다양한 활동을 통해서 생각하는 어린이, 창의적인 어린이, 건강한 어린이가 될 수 있도록 하고 있다.

하나님께서 아이 키우는 것을 누구에게 맡기는 게 좋을까? 고심 끝에 선택한 사람이 엄마라고 하였다. 눈에 넣어도 아프지 않은 소중한 아이들에게 눈빛으로, 말로, 행동으로 끊임없이 사랑을 표현해야 한다. 모든 순간이 너무 소중한 내 아이가 특별한 사랑을 받고 있음을 느끼도록 해야 한다. 함께 놀아 주고 아이의 이야기에 경청해주고 공감해 주며, 눈맞춤으로 관심과 사랑을 보여 줄 때 자존감 높은 아이가 된다.

우리 함께 동역자 되어 모두가 내 아이다 생각하며 행복한 영재로 키우자.